世界地下空间研究丛书
陈志龙　王玉北　主编

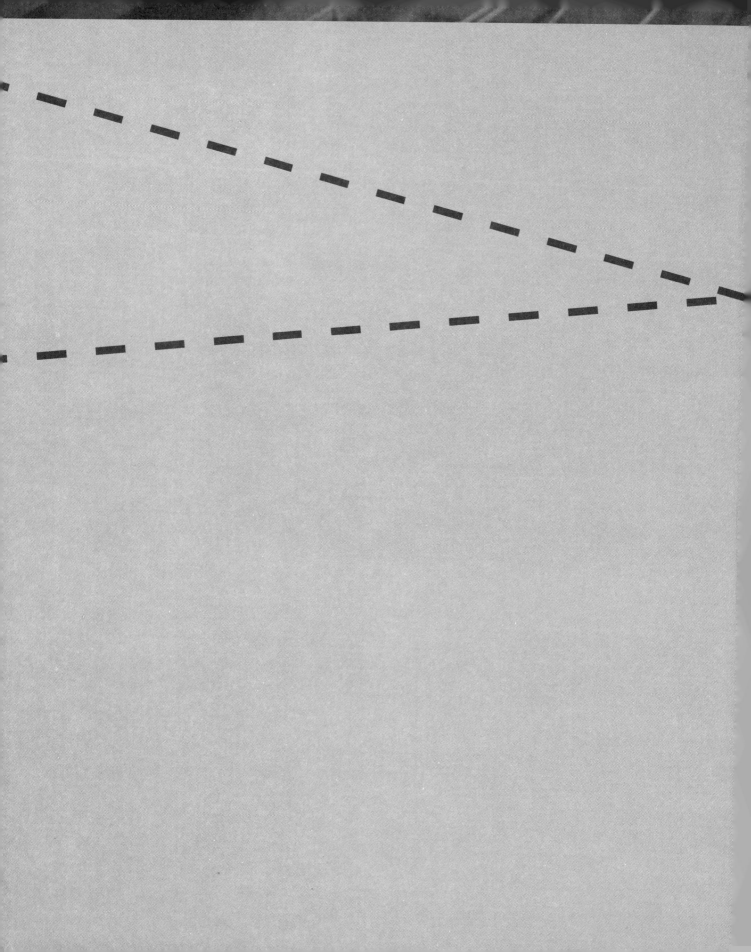

THE UNDERGROUND TRANSPORTATION OF THE WORLD

世界地下交通

东南大学出版社·南京

主编　王玉北　陈志龙
编写　康　棣　俞榕华　赵　蕊
　　　邬建华　何　磊　李冀相
　　　王志敏　董　磊　刘　宏
　　　周喜成　张　乐　何　伟
　　　关晓曦　张　铮　陈先南
　　　马志春　龚　超

目录

绪论
001

1 地下步行通道
016

1.1 巴比伦古隧道
018

1.2 古罗马大斗兽场隧道
018

1.3 南美洲厄瓜多尔古隧道
018

1.4 古代主要地下通道一览表
020

1.5 泰晤士河隧道
026

1.6 郭亮隧道
031

1.7 自行车道
033

2 地下步行系统
038

2.1 土耳其古老的地下步行系统
040

2.2 俄克拉荷马(Oklahoma)城地下步行系统
042

2.3 蒙特利尔(Montreal)地下步行系统
042

2.4 多伦多(Toronto)地下步行系统
048

3 地下河道
054

3.1 船的演进历史
056

3.2 自然地下河
057

3.3 地下运河
064

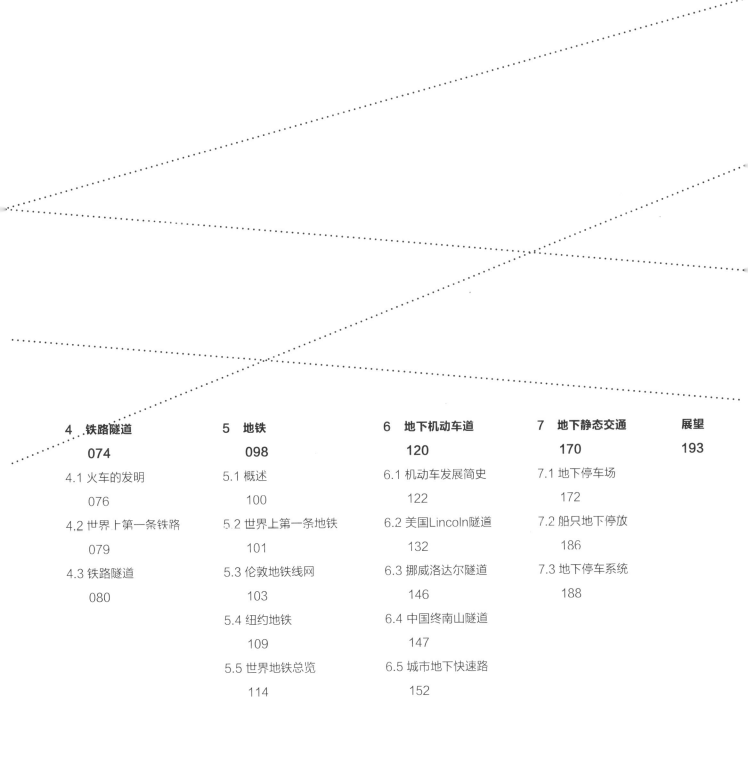

4 铁路隧道

074

4.1 火车的发明
076

4.2 世界上第一条铁路
079

4.3 铁路隧道
080

5 地铁

098

5.1 概述
100

5.2 世界上第一条地铁
101

5.3 伦敦地铁线网
103

5.4 纽约地铁
109

5.5 世界地铁总览
114

6 地下机动车道

120

6.1 机动车发展简史
122

6.2 美国Lincoln隧道
132

6.3 挪威洛达尔隧道
146

6.4 中国终南山隧道
147

6.5 城市地下快速路
152

7 地下静态交通

170

7.1 地下停车场
172

7.2 船只地下停放
186

7.3 地下停车系统
188

展望

193

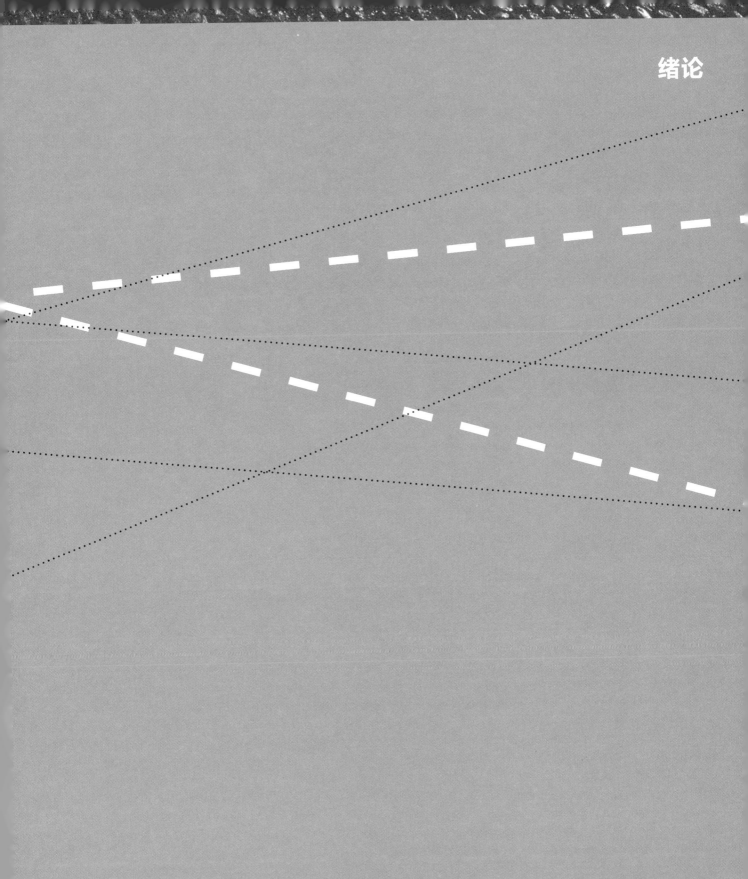

绪论

地下交通作为地上交通的补充和延伸，随着人类技术和经济的发展而起步，而人类技术和经济的发展又是以人类社会的发展为背景的，如图1所示：

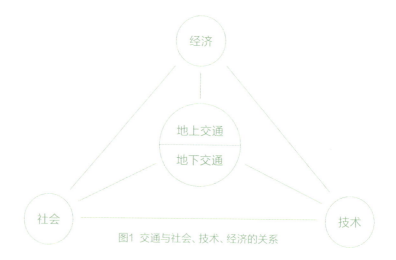

图1 交通与社会、技术、经济的关系

人类的历史大约可以追溯到300万年以前，目前已知最早的人种是东非人。最初的人类靠着采集和狩猎方式生活了200多万年；到了大约1万年前时，人类已经从当初的几个发源地散布到了各个大陆。

人类为了自身的生存，在与环境斗争的过程中双手变得越来越灵巧，大脑越来越发达，逐渐产生了语言和意识，并形成了社会。

在新的生存环境压力下，一种不同寻常的生存方式首先在几个地区出现，这就是种植谷物和驯养动物，农耕的历史大约只有1万年。在出现农耕以前数百万年的漫长岁月里，人类的祖先依赖采集和渔猎为生。在采集和渔猎过程中，人类逐渐学会了用人工的方法改善野生植物的生长环境或者模仿自然的生长过程以增加采集物的数量。以后又进一步学会了人工驯化野生动物，从而逐渐掌握了畜牧和农耕技术，原始农业因而产生、发展。公元前6000年时，农村作为一种定居生活方式首先在西南亚成为普遍形式。从此交通开始变得越来越有方向性，主要表现为以乡村为中心的往返。

乡村经过数千年的演变，有些乡村的人口和建筑物达到了一定的规模，而且其中的农业劳动者渐渐变成了非农业劳动者，城市就这样产生了，这是发生在公元前4000年左右的事。水文因素、人口压力、贸易的需求、防御的必须和宗教因素等综合起来导致了城市的产生。在人类从猎人和采集者到农民，最终成为市民的演化过程中，城市代表了人类分工的专门化。随着农村和城市在世界范围内的扩散，人口的普遍增长也在世界范围内成为可能，如图2所示：

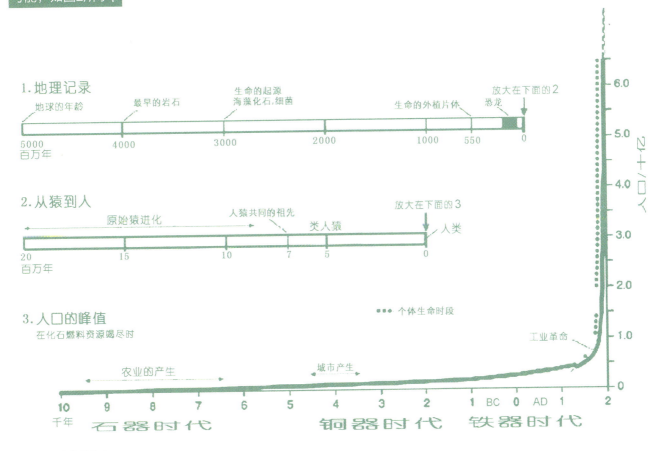

图2 人类社会进化史

最早的城市出现在美索不达米亚，现今伊拉克境内，沿幼发拉底河和底格里斯河两岸。随后在埃及、印度河谷、中国北部和美洲的美索埃麦卡各自独立地产生了城市，如图3所示：

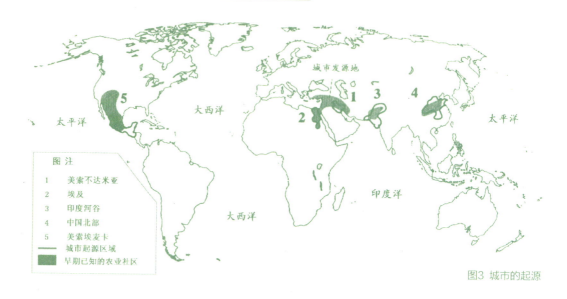

图3 城市的起源

城市产生后，其发展水平一直很低，大约到了公元前后，城市的生活方式才传播到了各个大陆。随着农业生产力的进一步提高，特别是工业革命的到来，城市才传播到了全世界，如图4所示：

图4 世界城市早期的扩散

从世界范围看，1800年，世界城市人口只有3%，发展到1900年，也只有14%。而经过1900—2007年这一百多年的时间，人类历史上第一次出现了城市人口超过了农村人口的情况。城市化进程并非仅仅是简单的人口增长，它还涉及城区范围的不断扩展，这一切都与日益提高的机动化有关，如图5—图11所示：

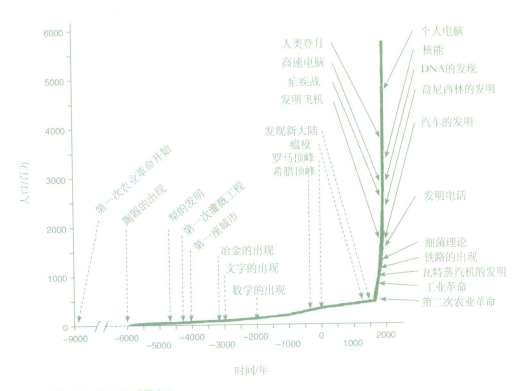

图5 人口增长与技术史上的重要事件

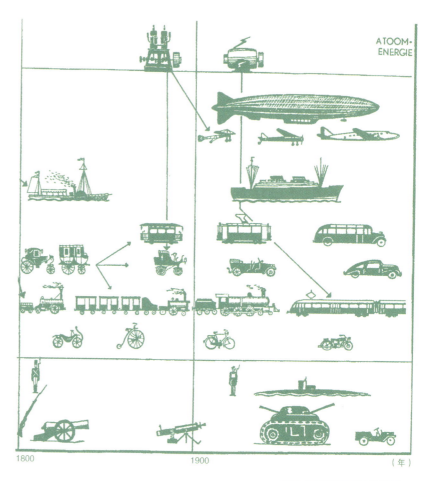

图6 近代交通工具的发展

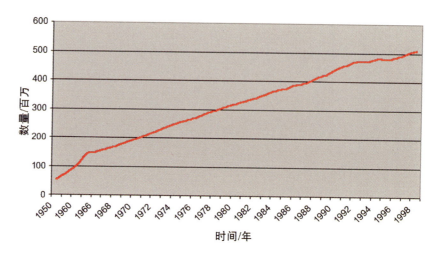

图7 1950—1998年全球轻型车辆不断增长情况

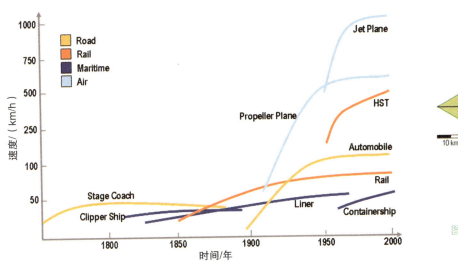

图8 1750—2000年全球主要交通方式的运营速度

图9 目前全球不同交通方式1小时可达性

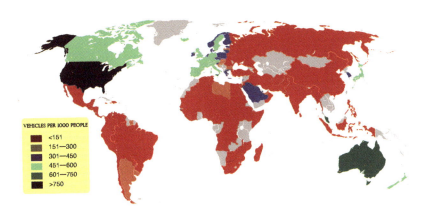

图10 目前全球各国每千人拥有车辆数(辆)

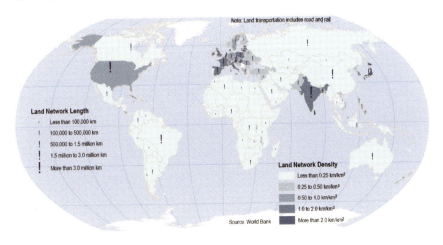

图11 全球陆路交通网络长度和密度(2002年)

交通的发展不仅与技术发展密切相关，还与经济发展紧密相连。交通的发展可以促进经济的增长，同时经济的增长可以反过来刺激交通的发展，具体说来如图12所示：

图12 交通运输与经济的关系

地下交通是地下空间最主要的功能之一。地下空间最初是从地下居住，尤其是穴居起步的，而后地下储藏、地下市政、地下交通、地下民防、地下商业办公等慢慢发展起来。随着超级城市的出现，地下空间取得了突飞猛进的发展，如图13—图16所示：

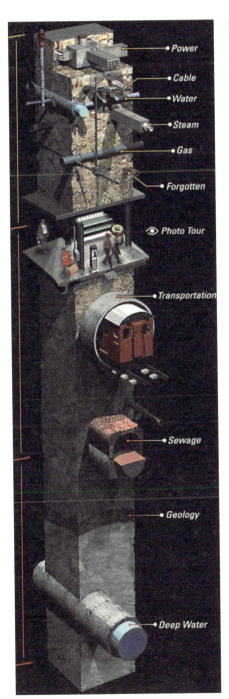

图13 地下空间的功能

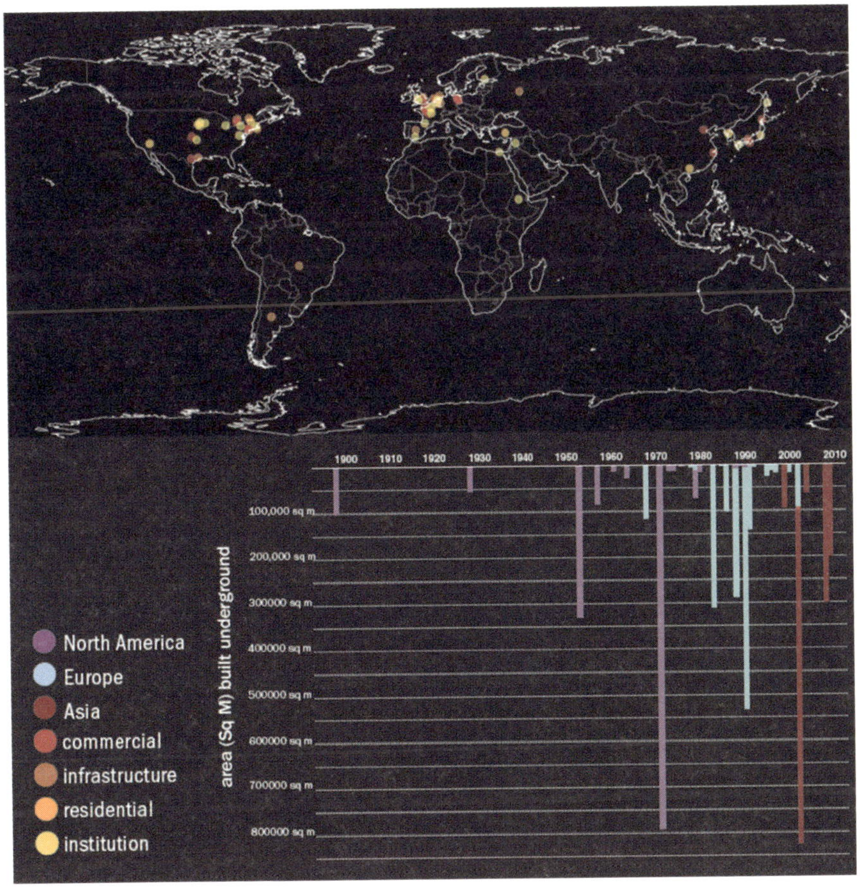

图14 北美、欧洲和亚洲地下空间的分布与面积

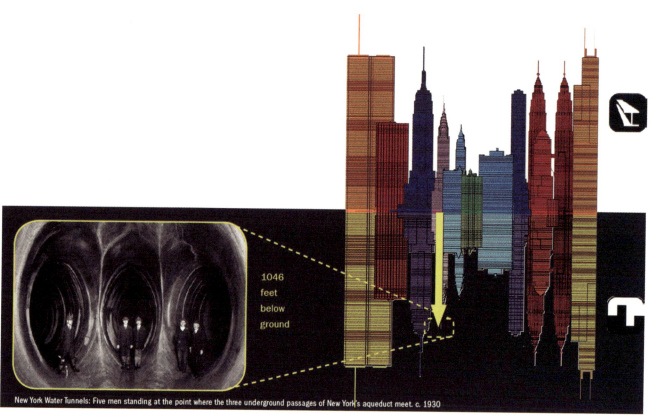

图15 地下空间开发的深度

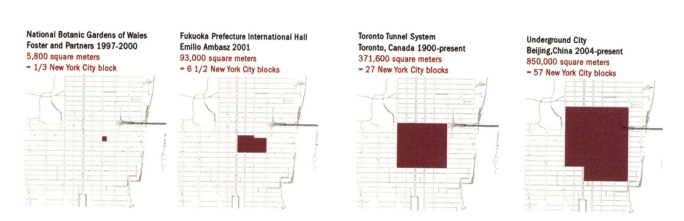

图16 不同地区地下空间开发速度的比较

地下交通分为地下动态交通和地下静态交通，前者是指人、车、物的地下流动，后者是指车辆的地下停放，包括因乘客上下或货物装卸的短时间停放，以及在停车场的长时间停放。

地下动态交通的承载者主要是先后发展起来的各种各样的地下通道，从简单的地下步行道到复杂的地下机动车道，如图17所示：

图17 地下动态交通解析

地下步行道，是地下步行道路的总称，分为简单的地下步行通道和复杂的地下步行系统。地下步行通道古代就有，大都是穿山和穿地的，有自然形成的，也有人工开挖的，据说四千年前巴比伦帝国还挖掘了世界上第一座水底步行通道。近代地下步行通道发展较快，尤以泰晤士河隧道为代表，而从土耳其地下城遗址中可以看出地下步行系统的雏形。到了近现代，以加拿大、美国为代表的地下步行系统开始发展起来，如图18所示：

图18 地下步行道解析

船和车（指非机动的）一样，都是人类发明较早的交通工具。随着舟的发明和地下河道的出现，地下河运开始发展起来。世界上存在着许许多多的自然地下河，像中国广西省冠岩地下河、黎巴嫩Jeita岩洞地下河、墨西哥Yucatán半岛地下河、越南Phong Nha（风牙）洞穴地下河、美国Santa Fe地下河、菲律宾Puerto Princesa地下河等，舟行驶在这样的地下河里主要是为了探险和旅游观光。而人工地下河道，即运河隧道，主要是为了满足运输的需要，行驶在这样的运河隧道里的船大都是轮船。地下河道的叙述结构如图19所示：

图19 地下河道解析

1825年，世界上第一条铁路——乔治·斯蒂芬森负责修建的Stockton至Darlington铁路开通，随后世界各国掀起了"铁路筑路热"。伴随着铁路交通的兴起，运河交通逐渐为铁路交通所取代。以运河交通为代表的水上交通的时代结束了，地下陆路交通进入了铁路隧道的兴盛时期，尤以英国为甚，如图20所示：

图20 铁路隧道解析

铁路隧道建设的成功为建设地下铁路积累了经验。随着城市化的加速和特大城市的出现，城市交通变得越来越拥挤，而地下铁路的建设成为解决城市交通问题的最佳选择。

世界上首条地下铁路是1863年开通的伦敦大都会铁路（Metropolitan Railway），是为了解决当时伦敦的交通堵塞问题而建。随后其他路线也陆续兴建。这些早期的路线均使用顶部通风良好的蒸汽机车，所以隧道较浅，每隔一段距离就要安置排烟口，排出的烟会污染城市里的空气，这不利于地铁的发展。随着盾构技术的进一步发展和电力机车的发明，地铁隧道可以建造得比原来更深，这为后来地铁成网打下了基础。整个地铁的叙述结构如图21所示：

图21 地铁解析

随着汽车的发明和随后的大量生产，城市一方面变得越来越拥挤，另一方面污染变得越来越严重。为减少地面的道路交通堵塞、噪音和污染，避免高架路对城区的割裂和对土地的占用，减少因地面施工带来的交通堵塞和高发事故率，以及因商业机构搬迁而导致的税收损失，一些城市道路开始局部地下化，这时的地下机动车道大都是人车混行的。后来出于速度和安全等方面的考虑，出现了专供车行的地下快速路，从此，城市地下交通发展到了一个新的阶段。地下机动车道分类如图22所示：

图22 地下机动车道解析

以上阐述的是地下动态交通的发展脉络，下面就介绍一下地下静态交通的来龙去脉。

地下静态交通原则上包括各种交通工具（包括非机动工具，比如自行车）的地下停放问题，在这里需要重点阐述的是各种机动交通工具，尤其是机动车的地下停放问题，因为机动车的地下停放涉及面广，牵扯量大，是地下静态交通的重中之重。

机动车地下停放是从坡道式地下停车场起步的，后来发展成机械式地下停车场，如图23所示：

图23 地下停车场解析

随着地下停车场的不断增多，出现了将临近的地下停车场连接起来，从而提高单个地下停车场的利用率的地下停车系统(Underground Parking System)。中国的北京和日本的大阪都出现了这样的地下停车系统，而有些大城市在新区规划时就在交通问题集中的核心区设置了地下停车系统。

地下交通是一个物质流、能量流和信息流在地下的相互作用的过程，在这个过程中，不断有废物、废气和废热排放到环境中去，从而对环境产生消极的影响，如图24所示：

图24 交通与能量、信息、物质、环境之间的关系

社会如果要可持续地发展下去，优良的环境是前提，这就要求未来的交通，包括地下交通要逐渐转向可持续的交通模式。对此，我们拭目以待！

以上就是从过去到现在地下交通发展的基本逻辑结构，具体内容由以下各章论述。

参考文献

[1] http://en.Wikepedia.com.
[2] http://people.hofstra.edu/faculty/jean-paul_rodrigue.
[3] Robert W. American economic review:catching up with the economy [J].National Journal,1999(2):78-83.
[4] http://www.bp.com/statisticalreview.
[5] Schipper L.China motorization trends:policy options in a world of transport challenges [J].World Resources Institute,2005.
[6] Hall P.Mobility 2030:meeting the challenges to sustainability [R].Switzerland:World Business Council on Sustainable Development,2004.
[7] http://www.he-alert.com/documents/,ublished/HE00240.pdf.
[8] http://www.cityoflondon.gov.uk.
[9] William L.A prolegomenon to the forecasting of transportation development:technical report[R].Washington:United States Department of Commerce,1962.
[10] Batsford B.Edwin Course London Railways[M].London:Capital Transport Publishing,1962.
[11] Clive F.Rails to Metro-Land[M].England:Brookings Institution Press,2005.
[12] Douglas R.London Underground Diagrammatic History[M].London:Capital Transport Publishing,1999.
[13] Khali P.Making transportation tunnels safe and secure[R].New York:Transit Cooperative Research Program,2006.
[14] Brynjolfsson E.Beyond computation:information technology, organizational transformation and business performance[J].Journal of Economic Perspectives,2005,14(4):23-48.
[15] Summers R.Centre for strategic economic studies[J].New Technologies,2005(2):34-39.
[16] http://www4.trb.org/trb/homepage.nsf/web/millennium-papers.
[17] Ohnsman A.China plans road test for Ballard's fuel cells[R].Australian:Australian Financial Review,2005.
[18] Lipsey R,Bekar C.Economic Transformations:General Purpose Technologies and Long Term Economic Growth[M].Oxford:Oxford University Press,2002.

1 地下步行通道

地下交通分为地下动态交通和地下静态交通。在地下动态交通部分我们将介绍地下步行道（地下步行通道和地下步行系统）、地下河隧道、铁路隧道、地铁、地下机动车道；在地下静态交通这一部分，我们将介绍地下停车场和地下停车系统。

我们这里讲的地下动态交通，就是指地下通道。

地下通道，顾名思义就是位于地层中的通道。按形成分类可以分为：自然地下通道、人造地下通道。按通行物分类可以分为：走动物（主要是人）的地下通道、行船行车（火车、机动车、自行车）的地下通道等。按穿过的物体分类可以分为：跨江越海地下通道、穿山的地下通道、穿过城市的地下通道。按用途分类可以分为：军用地下通道、民用地下通道。

地下通道最初有供行人通行的步行道，后来有了供船只通过的地下运河，有了供火车通过的铁路隧道，不久又有了地铁，再后来有了供机动车通过的地下机动车道。

早在古巴比伦时期和古罗马时期，人造地下通道就在世界上出现了。而南美洲更是留下了许多玛雅时期的古通道遗址，在中国，汉、宋、明各朝都有古隧道存在。古代的人们建造了这些通道，从地下穿过河流、山体、城墙，这可以看作最早的地下交通的雏形。古代的隧道交通功能尚在萌芽中，人们挖掘这些隧道除了用于通行，更多的是用作军用战道、逃生秘道和藏身通道等，这些隧道大多是步行通道。直到近代地下通道（准确地说是利用近现代科技建造，以满足城市居民通行为目的的）才真正地在地下交通中发挥主角作用。泰晤士河隧道则是最具代表性的一条隧道，它是已证实的第一条通航河流下的隧道。泰晤士河隧道首次采用盾构法施工，这在隧道建设史上具有革命性的地位。中国历史上最早的人造山体隧道是石门隧道。石门位于古褒斜道南端汉中褒谷口七盘岭下，隧洞长16.3m、宽4.2m，南口高3.45m，北口高3.75m。两车在洞内可并行。石门开凿于公元一世纪，始于汉明帝永平六年（公元63年），到九年（公元66年）4月建成，距今已有1900多年的历史，是世界上最早的人工穿山隧道。

与古巴比伦，古罗马，中国汉、宋、明和玛雅时期的比较单一的地下步行通道不同的是，土耳其古老的地下城的步行通道则是已构成了四通八达的地下步行系统，形成了规模庞大的地下城市。而今加拿大的蒙特利尔、多伦多、美国的俄克拉荷马城的地下步行系统已经成为连接着办公大楼、商业中心、民用建筑等大部分城市建筑的完善的地下步行系统。

1681年世界上第一条运河隧道建成，地下动态交通有了专供船舶通行的人工隧道，随后在不长时间内，建成了英国standedge隧道等大批运河隧道，地下运河交通一度达到颠峰。

随着铁路的诞生和兴起，"运河热"时代结束，"铁路热"时代到来。1830年世界上第一个客运铁路隧道开通，不久以边缘山隧道为代表的铁路隧道大量修建，铁路隧道开始在地下动态交通中起到重要作用。

1863年世界上第一条地铁开通，地铁的出现有效地解决了城市的交通拥挤，成为迅速崛起的城市地下动态交通的重要力量，时至今天，地铁在地下交通中仍发挥着难以替代的作用。

20世纪以后，随着汽车工业的发展，人车混行的地下道路出现了，并逐渐发展成地下机动车的专用道路，发展成具有一定速度要求的城市地下快速路。以美国Boston's Central Artery/Tunnel Project(简称CA/T)为代表的地下快速路成为城市地下交通的新生力量，在地下动态交通中起到越来越大的作用。

地下步行道，是地下步行道路的总称，分为地下步行通道和地下步行系统。在这一章中，我们将主要介绍地下步行通道，从古文明的地下步行通道谈起，近代以泰晤士河隧道为例，现代以中国郭亮隧道为例，来介绍地下步行通道；第2章将从土耳其地下城遗址的地下步行系统谈起，以加拿大、美国地下步行系统为典型案例介绍地下步行系统。

这里我们首先介绍巴比伦古隧道、古罗马大斗兽场隧道（图1.1）、南美洲古隧道（图1.2），并附有古代地下步行通道列表，接着以泰晤士河隧道和郭亮隧道为例阐述近现代地下步行道。最后，简要地介绍一下地下自行车通道。

1.1 巴比伦古隧道

据说早在四千年前巴比伦帝国就挖掘了世界第一座水底隧道。

公元前2180—前2160年巴比伦人在巴比伦城中的幼发拉底河下修建了一条穿越幼发拉底河，从王宫到朱庇特庙的水下人行隧道。这座隧道长900m、宽3.6m、高4.6m，用砖衬砌。

1.2 古罗马大斗兽场隧道

罗马圆形大斗兽场建于公元80年，耗时5年，至今大部分尚存。现在罗马城还保留着这座建造于近两千年前的建筑遗迹。罗马大斗兽场位于罗马城中的东南侧，在古罗马时代是长1600m的地下隧道，共分3层。3层隧道由罗马皇帝的建筑队伍建造，通向斗兽场。野兽被放入隧道中向前驱赶进斗兽场。

1.3 南美洲厄瓜多尔古隧道

这条隧道位于地下240m的深处，仅在秘鲁、厄瓜多尔境内就有数万米长，全长约4000km。隧道的秘密入口位于Morona-Santiago省的瓜拉基萨－圣安东尼奥－亚乌皮三角地。

图1.1 | 图1.2　　　　　　　　　　　　图1.1 罗马大斗兽场的隧道　图1.2 古老的南美洲隧道

1965年6月，阿根廷考古学家Juan Moricz在厄瓜多尔偶然发现了这条庞大的隧道。

1969年厄瓜多尔总统授予Juan Moricz经过公证的证书，证明他拥有厄瓜多尔古隧道的所有权，但要受厄瓜多尔国家监控。

德国探险家Erick von Daniken报告他曾在隧道的发现者Juan Moricz的陪同下进入此隧道。

隧道的墙壁光洁平滑，似乎经过磨光，与地面成直角。隧道顶部被人工加工得十分平整，像被涂过一层釉，不像是天然形成，而像是某种机械切削的结果。有多处精致的岩石门洞和大门，还有许多每隔一定距离就出现的平均长1.8m至3.1m、宽0.8m的通风井。

隧道中发现了很多古文物，隧道中有个"大厅"长164m、宽153m，大厅中央放着1张桌子和7把椅子。这些桌椅的材料很特殊，既不是钢铁、石头，也不是塑料和木材，而它又似钢铁和石头那样坚硬和笨重。

"大厅"里面有3000多片金属页片，每页长约96cm、宽约48cm、厚约2cm，一片一片排列着，像是一本装订好的书。每页金属片上都有很多符号及象形文字，这些文字与现在任何一种文字都不相同。据专家认定那些符号是机器有规律压印上去的结果。

在隧道里还发现了一个高12cm、宽6cm的用石头制作的物品，经鉴定是公元前9000年到公元前4000年的遗物。它的背面是半弯月亮和光芒四射的太阳，正面是个小孩，这个小孩右手握着月亮，左手握着太阳，站在一个圆形的球体上。

大厅里还有纯金制作的动物模型，如巨蜥、大象、狮子、鳄鱼、美洲豹、骆驼、熊、猿猴、野牛、狼、蜗牛、螃蟹等。在隧道里一块长53cm、宽29cm的石板上刻着一只恐龙。

1.4 古代主要地下通道一览表

世界古代主要地下通道见表1.1：

表1.1 古代主要地下通道

名称	时间	地点	长度	描述
巴比伦古隧道	公元前2180—前2160年	巴比伦城中的幼发拉底河下	900m	这座隧道宽3.6m、高4.6m，用砖衬砌。它是世界第一座水底隧道。它穿越幼发拉底河，从王宫到朱庇特庙，是一条水下人行隧道。是民用、过河、走人的隧道
大斗兽场的隧道	建于公元80年，耗时5年	罗马城中的东南侧	1600m	共分3层。是走野兽和走人（角斗士）的隧道
Posillipo隧道(图1.3)  	1900年前	Posillipo山下	—	从Rome到Naples Flegrei，存在了1900年，成千上万的人通过它，是一条穿山的行人隧道
Taragona城隧道(图1.4—图1.7)   	古罗马时期	西班牙加泰罗尼亚自治区东南部地中海沿岸塔拉戈纳省的Taragona	—	Taragona曾是古罗马时期Iberian半岛的重要城镇之一，城内城外都尚保留着古罗马时期的遗迹，如斗兽场。这里有一处古罗马遗迹，有行人的地下隧道，通往海边的竞技场，现在成为一个收费的博物馆

图1.3 穿越Posillipo山的古罗马的隧道

图1.4 博物馆的内景，古罗马建筑的石墙依然坚固如昔
图1.5 古罗马隧道
图1.6 古罗马隧道，通往海边的罗马竞技场
图1.7 古罗马隧道遗迹，通往海边的罗马竞技场

续表1.1

名称	时间	地点	长度	描述
恰帕斯古隧道(图1.8)  图1.8 南美洲古隧道的一个秘密入口	玛雅时期	南美洲墨西哥恰帕斯丛林	—	1941年1月戴维·拉姆夫妇率领一支美国考察队前往墨西哥寻找南美地下通道的入口。1942年3月,拉姆夫妇报告他们发现了被印第安人(玛雅人后裔)把守的古玛雅时期的地下通道
秘鲁的地下隧道	玛雅时期	秘鲁利马以东600km的安第斯山脉的地下。从地图上看,它位于安第斯山脉地下	1000km（有待考证）	1960年7月秘鲁考察队发现一条地下长廊。该地下长廊通向智利和哥伦比亚。它向北可直接通向利马,向南可以通向玻利维亚。秘鲁政府为了更好地保护这一远古文明遗址,把这些被发现的隧道入口重新封闭,该隧道被联合国教科文组织列为世界文化遗产
危地马拉通往墨西哥的古隧道	玛雅时期	入口在安第斯山脉靠近危地马拉的地方,从危地马拉通往墨西哥,墨西哥的马德雷山脉的通道口可能是它的出口	50km	西班牙人安托尼·芬托斯在安第斯山脉靠近危地马拉的地方考察时,偶然发现了一个地下长廊。这个长廊有尖状的拱门,从地下一直通向墨西哥。1972年8月,英国考察队在墨西哥的马德雷山脉也找到了地下长廊,其走向是通向危地马拉。这一地下长廊与安托尼·芬托斯在危地马拉发现的地下长廊很可能是同一条
厄瓜多尔古隧道体系	玛雅时期,隧道中的文物经鉴定是公元前9000年到公元前4000年的遗物	隧道入口在厄瓜多尔的Morona-Santiago省瓜拉基萨-圣安东尼奥-亚乌皮三角地	估计全长达4000km以上（有待考证）	此隧道是1965年6月由阿根廷考古学家Juan Moricz偶然发现的。这条隧道位于地下240m的深处。德国探险家Erick von Daniken报告他曾在隧道的发现者Juan Moricz的陪同下进入此隧道。隧道的墙壁光洁平滑,似乎经过磨光,与地面成直角。隧道顶部被人工加工得十分平整,每隔一定距离有平均1.8m至3.1m长、0.80m宽的通风井
未央宫地下通道(图1.9—图1.10)   图1.9　未央宫内地下通道 图1.10　未央宫内地下通道俯视(地下通道的拱形顶,全部由青砖卯咬相扣,看不出有任何黏合迹象)	公元前206年	中国西安市未央区汉城街道办事处罗家寨村北	34.29m	最宽处有1.9m。有专家认为它是皇宫中的秘道,是皇族以备不测的建筑设施。当时的各种势力以各自宫殿为空间进行政治活动,密道可以让他们的行踪更隐蔽

续表1.1

名称	时间	地点	长度	描述
石门隧道(图1.11—图1.12)  	约公元100年	中国陕西省汉中市褒斜道南口	16m	这条石门隧道宽、高约3.5m至4.75m,是一条穿山隧道
亳州地下通道(图1.13—图1.16) 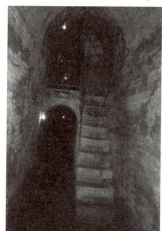	约公元200年（始建于东汉末年）	中国亳州老城区地下	目前已发现长近8000m	现存亳州古地道,有土木结构、砖土结构、砖结构三种类型,有单行道、转弯道、平行双道、上下两层道四种形式。地道距地面一般有2m至4m,最深7m,道内高度1.8m左右,道宽0.7m,涎内转弯处为"T"字形。并行双道之两道相距2m至3.5m,中间砌有方形传话孔,幽深蜿蜒、曲折不定,内有猫儿洞、掩体、障碍券、障碍墙、绊腿板、陷井等军事设施,还有通气孔、传话孔、灯龛等附属设施。是东汉时期,曹操为其军事需要,专门修筑的地下军事战道,最初用来运送士兵

图1.11 石门隧道(可惜后来由于修建石门水库而被淹)

图1.12 修复后的"石门隧道"

续表1.1

名称	时间	地点	长度	描述
图1.13—图1.16 中国亳州地下通道	—	—	—	—
张壁地道(图1.17—图1.21)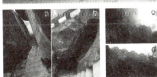图1.17 张壁景点(包括地下通道)平面分布图 图1.18 张壁地道剖面图 图1.19a—图1.19e 张壁地道出入口	公元317—960年	中国山西省介体市龙凤镇张壁村	全长约3000m	张壁地道向上通往各家各户，向下一直通到村外的土壁深沟，那里有道路直通绵山。张壁地道为立体网状结构，分上、中、下3层，上层距地面1m左右，中层8m至10m，下层则有17m至24m。地道一般高2m、宽1m多，内有通气孔，各层之间可上下左右连通。村中水井里还有地道出口。刘武周与李世民作战，刘武周败逃时使用过此隧道

续表1.1

名称	时间	地点	长度	描述
图1.20 张壁地道内部 图1.21 张壁地道里一个向上望的通风口，四壁有踩脚处，紧急时还可以作为逃生出口	—	—	—	—
永清地下通道(图1.22—图1.24)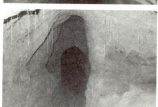图1.22 永清地下通道主要由巨型青砖建造而成 图1.23 永清地下通道局部 图1.24 永清地下通道洞体结构复杂，布局严密	建于公元1000年前后的宋辽对峙时期	位于中国京津之间的河北省永清县	1号"迷魂洞"长2.9m，2号"迷魂洞"和"藏兵洞"长度不详	永清地下通道是先在地面上像挖地基那样挖出各种坑道，然后在底上辅砖，在两侧镶砖，在上面用砖打旋顶，最后在旋顶上填土夯实并加以伪装。建筑材料均为30cm×16cm×18cm的巨型青砖。这种素面砖硬度大、土质细，制造时采用高温烧制。永清地下通道共200m^{2}余，由两个"迷魂洞"和一个"藏兵洞"组成。1号"迷魂洞"洞顶距地面3.7m，南端为东西通道，宽0.48m。2号"迷魂洞"位于1号"迷魂洞"东北两侧。"藏兵洞"距地表1.7m左右，一个出口是在一口水井里面
刘志洲山古城暗道(图1.25)图1.25 刘志洲山古城城南口西侧暗道	约公元1127年	中国刘志洲山古城城南口西侧	—	沟通古城内外，疑为瞭望或紧急时出入所用，也有防守功能

续表1.1

名称	时间	地点	长度	描述
钓鱼城地下通道(图1.26—图1.27)  图1.26 考古人员在重庆钓鱼城地下通道内进行考古调查 图1.27 钓鱼城地下通道结构示意图	南宋时期。可能是在公元1259年左右蒙宋战争时期建的	重庆合川区钓鱼城奇胜门以北约150m处砂岩和泥岩构成的山体中	已清理出了35m主隧道，全长有多长还未探知	地道宽1.5m，高约1m，距地面最深处有5m。由主通道、支道、竖井组成，壁面加工较为工整，是连接钓鱼城内外的一条地下通道。隧道剖面呈倒立的"凸"字形，并出土少量擂石、弹片及石磨、石门槽、瓷片等南宋时期的生活用品。据推断这是蒙军当年为攻克钓鱼城而开凿的一条直通城内的进攻隧道
明长城隧道(图1.28—图1.29)  图1.28 明长城隧道平面图 图1.29 九门口明长城的隧道入口	明洪武十三年	中国辽宁与河北交界处绥中县西南县界"九门口长城"下面山体中	长达1027m	著名将领徐达奉旨修筑九门口段长城，竣工后，徐达和设计师们根据九门口所处的险要地理位置，设计开掘出一条从长城内侧校军场，不经九门城关，而秘密直通关外的山中暗道
天心阁古密道(图1.30a—图1.30b)  图1.30a—图1.30b 天心阁古密道	公元1820年	中国长沙天心阁月城古城墙西头	—	窄窄的通道仅容两人并肩而行，麻石砌成的墙壁。密道直通这里，既方便紧急情况下将粮食运往前线，又方便集中各种给养。并且，当战事失利时，便于前线的士兵向中心城区疏散

1.5 泰晤士河隧道

地下步行通道发展到近代,以伦敦泰晤士河隧道为典型。伦敦在18世纪急速发展,随着工业革命和商业繁荣,伦敦的人口不断增加,伦敦对交通有了新的需求。18世纪末19世纪初,连通泰晤士河南北两岸的陆地成为一种迫切需要,但建设一个新的桥梁将使船舶和渡轮的交通陷于中断,于是人们开始尝试在泰晤士河下建造隧道。作为工业革命的发源地,当时英国在世界范围内技术的领先和经济的繁荣使建设水下隧道成为可能。

1.5.1 先驱(表1.2)

表1.2 泰晤士河隧道建设过程

时间	先驱	事件
1798年(据另一资料是1799年)	Ralph Todd	第一个尝试建造泰晤士河隧道的是一个叫Ralph Todd的人。他试图在Gravesend和Tilbury之间建立一条隧道,却因流沙和资金匮乏,以失败告终
1802年(据另一资料是1805—1809年)	Robert Vazie和Richard Trevithick	第二次尝试建立一条泰晤士河下隧道的是Robert Vazie和Richard Trevithick(蒸汽机车的发明者)。他们率领一群Cornwall郡的矿工挖掘一条从Rotherhithe到Wapping的地下穿河隧道。这些矿工熟于在坚硬的岩石上挖掘,但是他们并没有改变办法来挖掘柔软的粘土和流沙。泰晤士河在1808年1月26号决堤,挖掘一度中断。1808年2月2日泰晤士河再次决堤,隧道超过了对面的低水位标记。泰晤士水上执行官下令停工

1.5.2 建造者

泰晤士河隧道由Marc Isambard Brunel(图1.31)和他的儿子Isambard Kingdom Brunel设计建造(图1.32)。

Marc Isambard Brunel在法国出生,法国大革命期间逃往美国,又从美国来到伦敦。

1814年,Marc Isambard Brunel向俄国沙皇Alexander 一世提出一个建议——计划在St.Petersburg的Neva河下建立一条隧道。这个建议被拒绝了,但是Marc Isambard Brunel继续把这个建议发展成新的隧道挖掘方法。

1818年1月,Marc Isambard Brunel和 Thomas Cochrane发明一项专利——隧道盾构法,这是隧道技术的一个革命性的进展。

Marc Isambard Brunel是一位冒险家和发明家,但并不是一个很善于经营的商人,在一次商业冒险失败后,债务缠身的Marc Isambard Brunel不得不因欠债在监狱度过了一段时光。在监狱里,脑子里总是充满古怪念头的Marc Isambard Brunel想出了一套地下钻孔工艺——用掩护支架挡住土块,用螺旋钻钻孔。在狱中Marc Isambard Brunel曾想要投奔沙皇俄国,Duke of Wellington公爵(他是泰晤士河隧道工程的投资人之一)得知英国可能会失去这样一位杰出的工程师后,敦促英国政府出资5 000万英镑替Marc Isambard Brunel偿还了债务,使Marc Isambard Brunel得以出狱。出狱后的Marc Isambard Brunel将他的这些技术和工艺原理应用于建设隧道的实践中。这些原理在以后的隧道工程中仍在使用。

Marc Isambard Brunel是建设泰晤士河隧道的总工程师,年轻的Isambard Kingdom Brunel是他的儿子——建设泰晤士河隧道的首席助理工程师。

图1.31
图1.32

图1.31 Marc Isambard Brunel　图1.32 Isambard Kingdom Brunel

1.5.3 设计

1823年Marc Isambard Brunel制作了一个方案——在Rotherhithe和Wapping之间建造一条地下穿河隧道(图1.33),挖掘工作将使用Marc Isambard Brunel的新的盾构技术。私人投资者——包括Duke of Wellington公爵和成立于1824年的Thames隧道公司为该项目提供了资金,该项目自1825年2月开始实施。建造的位置是经过挑选的,距离伦敦桥有6 400m的路程。

泰晤士河隧道是一条水下隧道,穿过伦敦泰晤士河,宽11m、高5m,从Rotherhithe通至Wapping,长396m(图1.34—图1.40)。隧道顶端距离泰晤士河面23m。

隧道为双拱门结构。每一个拱门包含一条通道,宽4.2672m、高6.0960m,两条通道之间有相互连通的宽0.914 4m的行人通路。

图1.33 泰晤士河隧道的构思

1.5.4 建造技术及建造过程

1825年3月2日Marc Isambard Brunel用自己设计的盾牌和隧道衬砖进行建构(图1.41)。

施工从Rotherhithe开始,在Rotherhithe处,组成泰晤士河床的往往是洪涝沉积物和松散的砾石,工作是艰难和危险的。

施工采取的第一个步骤是,在泰晤士河南岸Rotherhithe距离河岸46m的地方,建设一个大型竖井,即挖掘一条垂直的通向地下的巨大坑道。由装配有直径15m的铁环在地面上挖掘。一个高12m、厚0.91m的圆环形砖围墙建立在巨型铁环的上方,用一台强大的蒸汽机在它上面驱动挖掘泵,用架设在铁环和圆柱形的砖砌围墙上面的蒸汽机抽干水。

铁环和圆柱形砖墙里面被挖空,与此同时,砖墙连同它底下的铁环一起下沉入地下,形成了一个中空的竖井。

整个装置,估计重约1 000t。下面的土由Brunel的工人们用锋利的铁环底端人工推动。整个竖井在它自身重量的作用下以此方式逐渐下沉,像巨大的面团切割机一样切割松软的地基。

到1825年11月,Rotherhithe的竖井已到位,盾构已装配到挖好的竖井的底部,横向开挖可以开始了。

这个伟大的开挖是通过一个强大的称为盾构的设备完成的,该设备由12个大框架组成,彼此肩并肩地靠着,就像书橱上的许多书册(图1.42)。12个框架中的每个框架分为3个舱室,每个框架都可以向前推进,独立于其他框架之外。

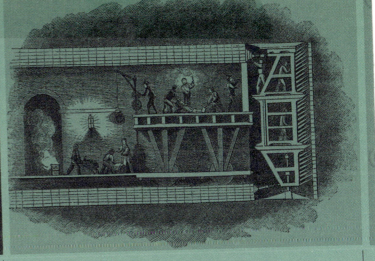

图1.39 |

图1.40 |

图1.39 1830年泰晤士河隧道挖掘过程中的隧道内部图
图1.40 挖掘过程中的隧道剖面图
图1.41 施工工具
图1.42 用来挖掘泰晤士河隧道的盾构,工人们在舱室内操作

这是一个金属器具。每个矿工占据一个单独的舱室。面对半液体（充满泥浆）的隧道，支撑着0.9m× 0.15m× 0.075m的榆木板。每块木板分别由螺旋千斤顶支撑，同时对着相应的舱室。

工人挖去粘土，整个盾构就在大型千斤顶的推动下向前移动，随后挖空的地方被铺上砖块，隧道内层的墙壁也被砌上砖。整条隧道需砖超过7 150万块砖。

由于河床的不稳定性，隧道常面临坍塌崩溃的危险。

盾构掘进的创新之处是通过支撑周边而前进，以减少崩坍的危险。

然而，许多工人，包括Marc Isambard Brunel自己，很快被隧道内恶劣的条件所击倒。当时的泰晤士河比一条敞开的下水道好不了多少，隧道常常充斥着恶臭和污水。污水释放的甲烷气体很容易被矿工的油灯点燃。1826年驻地工程师William Armstrong在4月病倒，Marc Isambard Brunel年仅20岁的儿子Isambard Kingdom Brunel接管了整个工程。

工程进展缓慢，进展每星期只有3—4m。隧道公司董事通过允许观光客观看盾构的操作来获得一些收入。据估计，600—800名游客每天为这种冒险支付1先令。挖掘也是危险的。1827年5月18日该隧道在已挖掘167m长之后突然被淹没(图1.44)。Isambard Kingdom Brunel从船上降下一个潜水钟来修理河底下的洞，把装满土的塑料袋扔到隧道顶上(图1.45)。

1828年1月12号该隧道再次被淹没，6人死亡， Isambard Kingdom Brunel侥幸逃过。

1828年8月财务问题导致隧道被关闭，直到Marc Isambard Brunel成功地凑足了钱才继续建设。

1836年2月恢复重建。旧的80t的隧道盾构被移除，取而代之的是一个新改进的140t的盾构，该盾构有9 000

图1.44

图1.45

图1.46 图1.47

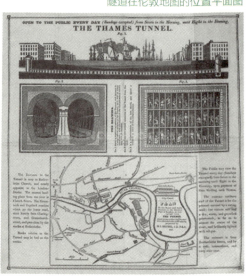

图1.44 隧道被水淹没
图1.45 隧道淹没后，从船上放下一个潜水钟来修理河底下的洞
图1.46 1837年11月3日泰晤士河隧道被水淹之后
图1.47 显示当时泰晤士河隧道从早7点至晚8点向公众开放，并配以泰晤士河隧道及出入口和泰晤士河的剖面图、泰晤士河隧道截面图、当年泰晤士河隧道在伦敦地图的位置平面图

个组成部分，这9 000个组成部分必须一起安装到地下。

由于洪水、火灾、泄漏的甲烷和硫化氢气体阻碍，剩余的隧道在1841年11月才完成(图1.46)。

因为没有钱修建坡道，所以唯一的进出途径是通过竖井内的楼梯，它被用作行人步行通道。1841年至1842年，泰晤士河隧道配备了照明、道路和螺旋楼梯。Rotherhithe旁边的发动机房，还建造了隧道排水设备，现在这座房子是Brunel博物馆。整条隧道终于在1843年3月25日正式向公众开放(图1.47)。

泰晤士河隧道整个工程于1825年开工，至1843年运营，历时18年。泰晤士河隧道是近代第一条成功建造在通航的河流下面的步行隧道(后来改建成铁路隧道)。

泰晤士河隧道工程中使用的盾构的工艺原理，与今天仍在使用的更先进的盾构的原理相似。隧道盾构的发明和使用是隧道施工技术的一个革命性的进展。

1.6 郭亮隧道

地下步行道发展到现在，郭亮隧道可作为典型之一。郭亮隧道(图1.48—图1.49)位于中国河南省，距辉县60km。

郭亮隧道建设的具体过程，如下表1.3所示意。

图1.48　图1.49a
图1.49b

图1.48　郭亮隧道位置
图1.49a　郭亮隧道局部鸟瞰图
图1.49b　郭亮隧道整体鸟瞰图

表1.3 郭亮隧道相关情况

背景	郭亮村历史悠久,传说,在距今一千多年前的西汉末年,一个叫郭亮的农民起义领袖,在这里凭借着太行天险与朝廷周旋,最后寡不敌众,兵败被俘。后人为了纪念这位农民英雄,就把他驻守的山崖称为"郭亮崖",崖上的这个小村落也因此得名"郭亮村"。 郭亮村位于太行腹地,面积7.2km²,最高海拔1672m。房子倚山崖而建,村前咫尺是百米悬崖,村后是高耸的山峰,自古交通闭塞,出山艰难,只有一条小路——天梯通向山外,天梯是郭亮人的必经之路,多少年来,郭亮人吃的盐、酱、醋和日用品都是从天梯下背上来,买来的牛犊、小猪都是从山下抱上来,长大后,却要绕道15余km经山西地界下山去卖,天梯险峻,不知有多少郭亮人失足落梯,轻者致残,重者丧命。 多少年来,连绵的太行山脉如一道天然屏障让郭亮人少了些许的战争侵扰,但也阻断了他们与外界的联系。直到20世纪90年代后期,郭亮仍然是靠着两条古道走出大山。 这条古道,村里没人说得清它修建的年代,这是一条通向山西地界的小道,崎岖不平、还要翻山越岭,因路途遥远、道路难行,郭亮人只有在卖个头较大的牲畜时,才会走这条路。 郭亮村的另一条古道就是百丈悬崖上仅可容一人通过的绝壁小路,因为异常险峻,当地人又称它为"天梯"。据说,百余米高的天梯始建于宋代,720级台阶是由一块块不规则的岩石垒起,宽处1.2m,最窄的地方不到0.4m,走在上面如临渊而行,稍有不慎便会命丧崖底。 因为路太窄、拐弯急,挑着东西如果超过10kg,就不好下山了,因为这是郭亮村进出山唯一的出路,上山下山必须经过这里,没有这路,郭亮人就下不去山了。 太行山脉阻断的不仅仅是郭亮一个村与外界的连接,距它不远的回龙村也有一条这样的天梯。天梯陡峭,但它维系着当地人的全部生活,所以,天梯也是他们的"生命梯"。艰险异常的天梯,给走过它的人们留下了刻骨铭心的记忆,还有痛苦。 20世纪60年代初,郭亮人想沿天梯的路线修一条能通车的路,但刚开工就干不下去了,因为坡度太陡,根本不可能修成路。 1966年,郭亮人再次尝试通过邻村修一条出山的路,结果,只修了3km,还是因为弯道太多、太急,根本没法走,这一次尝试又失败了
构想	1971年的秋天,在村党支部书记申明信的提议下,村民申新福、王怀堂、申福贵用绳子测高度、距离,用土法绘图,到县里请教专家征求意见
工具	铁钎、铁锤、导火线、炸药、钢材、雷管
资金筹集	1972年村里人自发卖掉山羊、山药,集资购买钢锤、钢锉。 1972年3月9日,郭亮洞开工。 1975年年底,工程进入了最艰苦的阶段,郭亮人已经卖光了山羊,砍光了树木,吃光了粮食,再也抠不出一分钱。这时候,全村男女老少都出动了,早上5点钟起床,爬5km山路去挖鱼鳞坑,挖了一冬一春,挣到工钱3 100多元。支部书记把钱拿到村里后,100多口人围着他,让他赶快到城里去买钢材、雷管、导火线、炸药。郭亮绝壁平均高度105m,从绝壁中间炸开工作面,需要系绳子凌空作业,没有钱买绳子,就解下牛拉犁的绳套,一段段接起来,从崖头把人放下来。就是这样,参加打隧道的壮士把生死置之度外,用生命和热血让天堑变成了通途
施工	郭亮人没有用任何机械,历时5年,硬是在绝壁中一锤一锤凿去了2.6万m³石方,打秃钢钎12t,打烂了3.6kg重的铁锤4 000个,当时上至70岁的老人,下至十几岁的娃娃都轮流走上隧道工地,清理石渣。大石块用手搬,小石块用筐抬,用篮子挎,人人肩头成茧,十指流血。在工程最困难的关头,辉县教育局100多名教职员工,在局长原永同志的带领下和郭亮人一块施工,加快了工程进度。 太行绝壁属砂质沉积岩,硬度达到8.3级,一支钢钎只能打10cm深就得淬火;如果要打一个10cm的炮眼,4kg重的铁锤需要锤打钢钎4 000次。开凿隧道打了多少炮眼,抡了多少次铁锤,这是一个无法统计的天文数字
建造过程中牺牲的人	在施工的工程中王怀堂等村民献出了自己的生命
隧道尺度	全长1250m、高5m、宽4m
开工后持续时间	5年
开通时间	1977年5月1日
演变	由石子路变成沥青路,现在被称为绝壁长廊,可以通行机动车了

1.7 自行车道

随着自行车的发明与应用，有的地下步行通道变成了地下自行车通道，而随着自行车的广泛使用，也有些城市建造了专门的地下自行车通道。自行车的发展历程如表1.4所示：

表1.4 自行车的发展历程

时间	类型	时间	类型	时间	类型
1817	Baron Karl von Drais 的专利自行车（pushbike）：它是利用脚与地面的摩擦前进	1850	发明自行车（boneshaker）：踏板与前轮相连接	1871	James Starley的自行车（penny-farthing），他对boneshaker进行了改进
1885	J.K. Starley 制造了自行车（Rover），它是具有现代意义又安全的自行车	1888	Frank Bowden成立了自行车公司（the Raleigh Bicycle Company）	1960	自行车越野赛（BMX）
1963	第一辆受欢迎的自行车（the Schwinn Stingray）诞生	1969	Alex Moulton制造了第一辆小轮自行车	1979	Gary Fisher 提出了第一辆山地自行车的设计

世界各地的地下自行车通道如图1.50—图1.54所示：

图1.50　图1.51
图1.52　图1.53

图1.50 George Massey Tunnel隧道标示牌
图1.51 Leeman Road Tunnel隧道内部
图1.52 Heinenoord Bicycle Tunnel隧道入口
图1.53 Mount Baker Ridge Bicycle Tunnel隧道入口

图1.54 某地下自行车通道的入口

以上我们简要概括了单一的地下步行通道的发展历程,下面将对复杂的地下步行系统展开论述。

参考文献

[1] Hillier B.The Social Logic of Space[M].Cambridge:Cambridge University Press,1984.
[2] Hillier B.Space is the Machine[M].Cambridge:Cambridge University Press,1996.
[3] Kwon Y H.A study on the pedestrian movement in urban space[J].Journal of Architectural Institute of Korea,2003,19(1):89-96.
[4] Kim K H.Evaluation criteria of the walkway[J].Journal of Korean Society of Transportation,1999,17(3).
[5] Kim S K.A study on the pedestrian space in CBD[J].Journal of Architectural Institute of Korea,1988,4(3):105-113.
[6] Kim Y O.A study on the relationship between spatial configuration and spatial cognition[J].Journal of Architectural Institute of Korea,2000,16(10).
[7] Geoffrey P.Thames Crossings:Bridges,Tunnels and Ferries[M].Washington:National Academies Press,1981
[8] Fred S.The Thames Highway[M],Cambridge:MIT Press,1974.
[9] http://www.nationalgeographic.com/railroad/index.html.
[10] http://www.nps.gov/undergroundrr/contents.htm.
[11] Onishi T.Underground or aboveground? Making the choice for urban mass transit systems [J].Tunnelling and Underground Space Technology, 2004,19(1):3-28.
[12] Fukuchi G.The present and future of mechanized tunnel works in soft ground[J].Tunnelling and Underground Space Technology,1991,6(2):167-189.
[13] Smith B.Underground urban gods distribution networks[J].Innovation, 2000,13(1).
[14] Stead B.Underground car parks tunnelling and underground space technology [J],1995,10(3):299-342.
[15] Smart Cars and Automated Highways[J].Mechanical Engineering,1998.
[16] Wu F.Interview with Chuck Thorpe of Navlab[J].NOVA Escape,2000.
[17] http://www.exetermemories.co.uk/EM/undergroundp.html.
[18] http://www.travelinginspain.com/basque/laguardia.htm.
[19] http://www.wenwu.gov.cn/ShowArticle.aspx?ArticleID=1847.
[20] Seifert N.Austrian risk analysis for road tunnels development of a new method for the risk assessment of road tunnels[R].Austrian:ITA-AITES World Tunnel Congress,2007.
[21] Loh C K.The success of Singapore in designing its city and managing transport[R].Singapore:ITA-AITES World Tunnel Congress,2006.
[22] Akahata.Underground highway construction plan threatens World Heritage site in ancient city[M].Cambridge: Harvard University Press,2006.
[23] John S.Underground Automated Highways (UAH) for High-Density Cities[M].Oxford:Clarendon Press,2005.
[24] Hicks J R.General considerations in assessing the advantages of underground space[J].Tunnelling and Underground Space Technology,1995,10(3).
[25] Allport R.Realizing the potential of MR Systems in developing cities[R].Proceedings of the 8th World Conference on Transport Research,1998.
[26] Yuzo O.Urban underground utilization plan of Boston[J].Journal of Underground Space Utilization,1990,7:28-35.
[27] Joanlin H.Cost-benefit analysis of Boston's central artery[J].Tunnel,2003.
[28] Yan T.Boston's Central Artery[M].Boston:Arcadia Publishing SC press,2001.
[29] Megan W.Settlement reached in Big Dig death[M].Arcadia Publishing SC Press,2007.
[30] Steven E.Underground Transportation Systems in Europe[M].New York:Oxford University Press,2006.
[31] Hiroyuki.Study on the behavior of an ultra-large section tunnel project in unconsolidated ground-Design and construction of the Minoh toll road tunnel[R].Japan:ITA-AITES World Tunnel Congress,2007.
[32] Seifert N.Austrian risk analysis for road tunnels development of a new method for the risk assessment of road tunnels[R].Austrian:ITA-AITES World Tunnel Congress,2007.
[33] Akahata.Underground highway construction plan threatens world heritage site in ancient city[N].Japan Press Weekly,2006-

12-08.
[34] 陈立道,等.城市地下空间规划理论与实践[M].上海:同济大学出版社,1997.
[35] 束昱,彭芳乐.地下空间研究的新领域[J].地下空间,1990.
[36] 陈立道,朱雪岩.城市地下空间规划理论与时间[M].上海:同济大学出版社,1997.
[37] 王文卿.城市地下空间规划与设计[M].南京:东南大学出版社,2000.
[38] 董鉴泓.中国城市建设史[M].北京:中国建筑工业出版社,1989.
[39] 童林旭.地下空间概论[J].地下空间,2004.
[40] 王璇,杨林德,束昱.城市道路地下空间的开发利用[J].地下空间,1994,14(1)
[41] 陈志龙,王玉北.城市地下空间规划[M].南京:东南大学出版社,2005.
[42] 陶龙光,等.城市地下工程[M].北京:科学出版社,2002
[43] 忻尚杰,等.中国城市地下空间开发利用研究[M].北京:中国建筑工业出版社,2001.
[44] 崔之鉴.地下铁道[M].北京:中国铁道出版社,1984.
[45] 黄成光,等.公路隧道施工[M].北京:人民交通出版社,2001.
[46] 王毅才.隧道工程[M].北京:人民交通出版社,2001.
[47] 陈建平,等.地下建筑工程设计与施工[M].北京:中国地质大学出版社,2000.

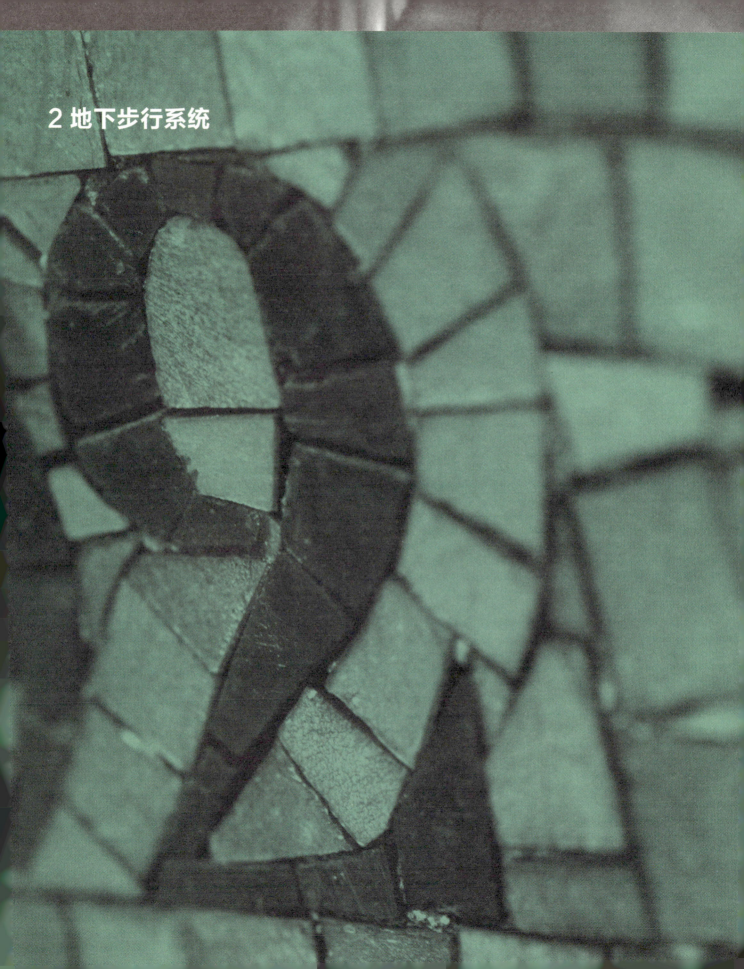

2 地下步行系统

随着城市地下空间的开发，地下步行道路逐渐兴起，逐渐发展出地下步行系统，成为功能完整的地下城市。

衡量一个地下步行系统是不是一个成功的地下步行系统，首先要看行人是否可以顺利地通过此系统到达目的地。相比于国内地下步行道喜欢追求的迷宫式的复杂结构和方向指示的不明确，美国俄克拉荷马城地下步行道在不同路段装饰不同的彩灯，指引方向，简单实用，无疑是一个成功的范例。

衡量一个地下步行系统是不是一个成功的地下步行系统，其次要看该系统是不是与市民生活密不可分，是不是市民生活中必不可少的。如果没有这个地下步行系统，市民生活将举步维艰，那么这个地下步行系统的重要性可见一斑，如果没有这个地下步行系统，市民生活还是老样子，那么这个地下步行系统也就可有可无了。从这一点上看，虽然世界许多国家都建有或者开始修建地下步行系统，但没有再比加拿大地下步行系统在市民生活中更具有不可替代的重要地位的了，比如说蒙特利尔地下步行系统和多伦多地下步行系统。

在这一章，我们将从土耳其地下城遗址中的步行系统谈起，接着介绍独具特色的美国俄克拉荷马城地下步行系统，进而着重介绍地下步行系统的经典之作——蒙特利尔地下步行系统的成长历程，分析蒙特利尔地下步行系统形成的原因，最后简单介绍多伦多地下步行系统。

2.1 土耳其古老的地下步行系统

早在古代,土耳其就有地下城,这些地下城通过地下步行通道连接,并且,地下城内也有步行通道。土耳其地下城的这些古地道可以视为地下步行通道的雏形。

这个世界有许多神奇而又古老的地方,土耳其的卡帕多西亚就是其中之一。它位于土耳其的格尔里默谷地。迄今为止,人们在这一地区发现了大约36座地下城市,现在所发现的地下城,不但地下城内部有地下步行通道,而且地下城之间都相通,以一系列地下通道连接在一起。连接卡伊马克彻(Kaymakli)和德林库尤(Derinkuyu)两地的地下通道,足有10 000m长。没人知道卡帕多西亚地区的"地下城"是何时开始修建的,一般的说法是,为逃避罗马统治者的迫害,一部分基督徒曾来到这里,他们发现这里的火山岩质地较软容易开凿,于是就在这里兴建了地洞,以防御追兵。到公元7—8世纪,阿拉伯人入侵安纳托利亚,东正教徒逃到卡帕多西亚避难,并将地洞逐渐发展成为规模庞大的地下城。

在已发现的36座地下城中,规模最大的是德林库尤地下城。德林库尤地下城有18—20层,已发掘的有8层,一直深入到70—90m的地下,有通风系统,能容纳约5万人。长达9 000m的地下步行通道连接地下城的各区,行走时需弯着腰,最宽处可容3人并行。此城地面面积2 500m²。此地下城通过地下步行通道与其他地下城相连(图2.1—图2.3)。

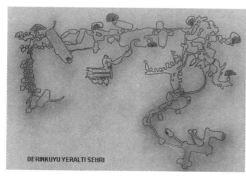

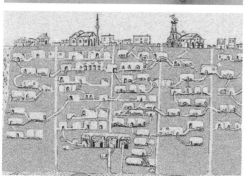

图2.1 土耳其德林库尤地下城及地下步行系统平面图
图2.2 土耳其德林库尤地下城及地下步行系统剖面示意图
图2.3 土耳其德林库尤地下步行通道

另一个规模较大的地下城位于卡伊马克彻。卡伊马克彻地下城可容纳超过1万以上的人共同生活,卡伊马克彻地下城在地下有8层,具备房间、集会厅堂、小孩上学的教室、通风口、餐厅及储藏葡萄酒的仓库等(图2.4—图2.6)。

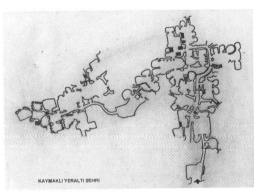

图2.4　土耳其卡伊马克彻地下城及地下步行系统平面图
图2.5　土耳其卡伊马克彻地下城及地下步行系统剖面示意图
图2.6　土耳其卡伊马克彻地下城的地下步行道

2.2 俄克拉荷马（Oklahoma）城地下步行系统

美国俄克拉荷马城地下步行道位于俄克拉荷马州，地下步行隧道和天桥连接着20个方形街区和市中心的30多座建筑，长约1 200m，是美国规模最大的全封闭式步行系统（图2.7—图2.8）。

第一条隧道是在1931年开始施工，横穿百老汇大街，连接着Skirvin饭店和Skirvin大厦。其他大部分主要的地下建筑是1972年至1974年间建造的，20世纪70年代后曾扩建、翻修。2006年至2007年的翻修花费了200万美元。改造后的地下通道具有清晰的方向标志，在不同路段安装有不同颜色的彩灯，利用色彩作为导航工具。要想从地点A到地点B，你只要遵循从绿灯到红灯再转向黄灯的路线就能抵达。分段的彩色通道帮助游客在空间中找到方位，并引发了视觉兴趣。

2.3 蒙特利尔（Montreal）地下步行系统

2.3.1 蒙特利尔地下步行系统的萌芽

图2.7 俄克拉何马城地下步行系统（图中的绿色线是地下步行道、红点是地下步行通道入口点、蓝色的虚线是天桥）

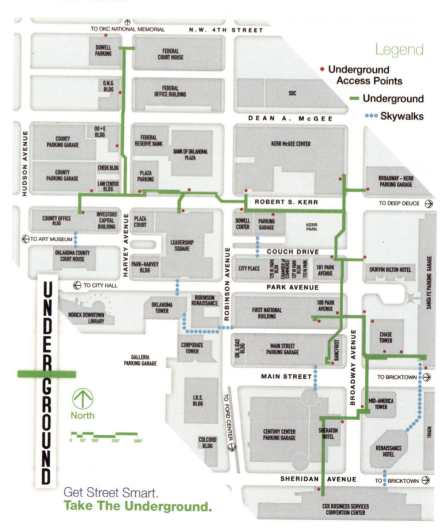

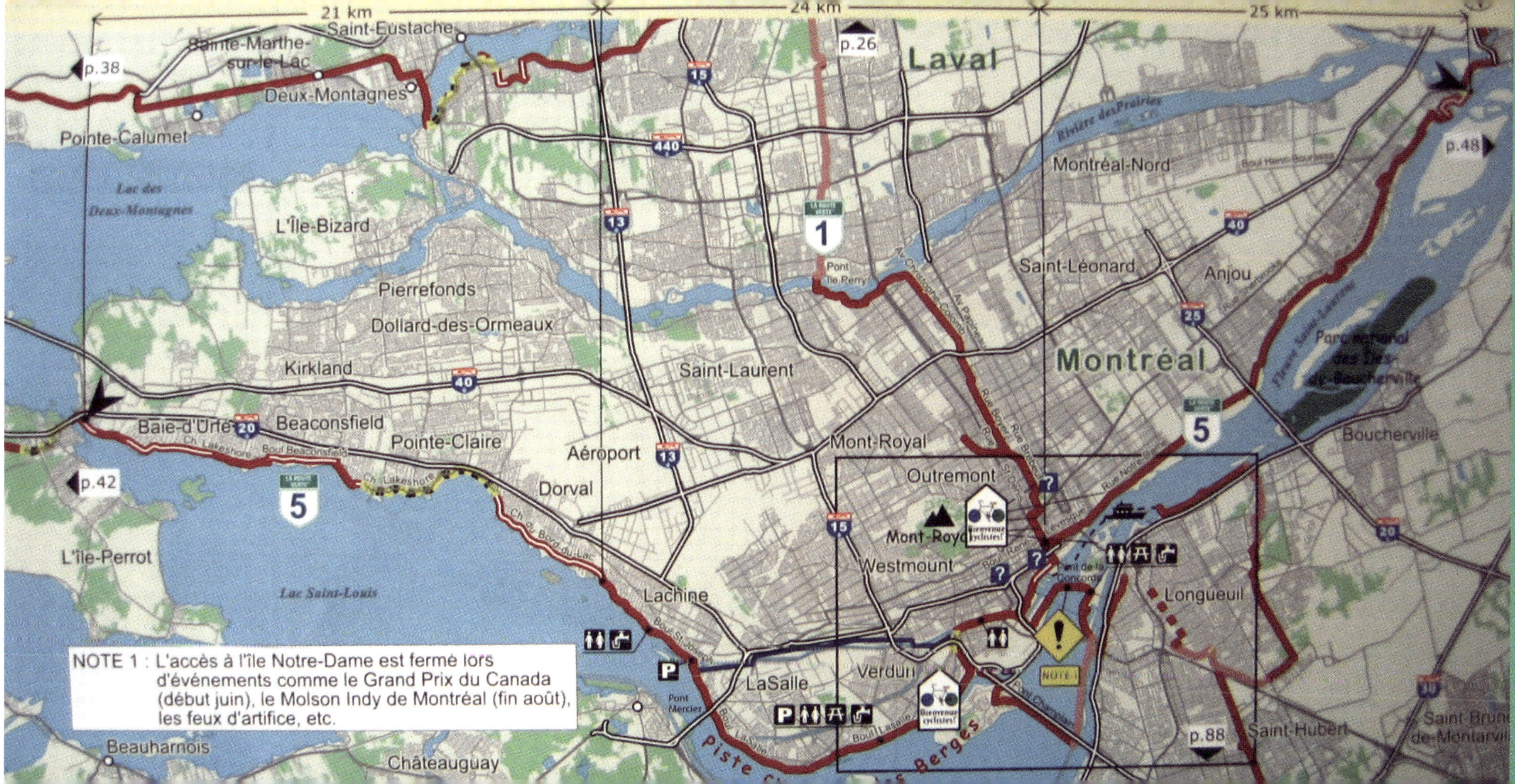
21 km
24 km
25 km
Saint-Eustache
Sainte-Marthe-sur-le-Lac
Deux-Montagnes
p.38
p.26
Laval
Pointe-Calumet
Lac des Deux-Montagnes
L'Île-Bizard
Rivière des Prairies
Montréal-Nord
p.48
Pierrefonds
Saint-Léonard
Anjou
Dollard-des-Ormeaux
Kirkland
Saint-Laurent
Montréal
Parc national des Îles-de-Boucherville
Baie-d'Urfé
Beaconsfield
Pointe-Claire
Aéroport
Mont-Royal
Boucherville
Dorval
Outremont
p.42
Mont-Royal
Westmount
L'île-Perrot
Lac Saint-Louis
Lachine
Longueuil
Verdun
LaSalle
NOTE 1
Pont Mercier
Beauharnois
Châteauguay
p.88
Saint-Hubert
Saint-Bruno-de-Montarville
Bienvenue cyclistes!
NOTE 1 : L'accès à l'île Notre-Dame est fermé lors d'événements comme le Grand Prix du Canada (début juin), le Molson Indy de Montréal (fin août), les feux d'artifice, etc.

图2.9 蒙特利尔地图

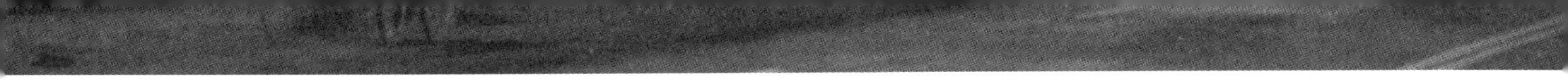

加拿大蒙特利尔地下步行系统的第一条地下步行通道两端分别连接着中央火车站（Gare Centrale）和Ville-Marie区的Queen Elizabeth饭店。第一条步行道坐落在900 René Lévesque大道以西，位于蒙特利尔市的心脏。此处成为蒙特利尔地下城的中心(图2.9)。

蒙特利尔地下步行系统第一条步行通道是Ville-Marie区工程的一部分，是与Ville-Marie区一起建造的，建成的第一条地下通道是与其他地下通道和Ville-Marie区的其他地下建筑一起开放的，开放于1962年。

第一条步行通道的一端——中央火车站，建于1938年至1943年间。1938年，工人们开始填充蒙特利尔皇家山脉下的一个"地洞"来建造中央车站。中央火车站于1943年7月14日竣工投入使用。

另一端——Ville-Marie区的Queen Elizabeth饭店，于1954年开始规划，1962年建成。CNR买下了中央火车站附近的这块土地，构想把这块土地建成Ville-Marie区。1954年刘明培（Leon Mingpei）和城市规划者文森特·庞特（Vincent Ponte）开始为Ville-Marie区设计方案。1962年他们规划在一条主街下用地下步行隧道连接中

图2.8 俄克拉荷马城地下步行系统在不同路段装有不同颜色的彩灯以指引方向

央车站和Ville-Marie区的地下层，建立互通的地下空间。Ville-Marie区1962年建成，其中地下双层停车场、办公大楼、地下商城、Queen Elizabeth饭店这个巨大的地产综合体建有与地上部分面积相同的地下层。Ville-Marie区建设得很成功，其他地区也很快模仿它建立了更大规模的地下通道和地下建筑物（图2.10）。

第一代的蒙特利尔地下步行系统在1962年时连接着中央车站和Queen Elizabeth饭店，连接着50万m^2的地下空间（图2.11）。地下步行系统已经成为一个在工作时间之外也十分活跃的多功能地区。

2.3.2 蒙特利尔地下步行系统的发展

提到蒙特利尔地下步行系统，就不能不提到蒙特利尔的地铁和地铁周边的建筑物。蒙特利尔的地下铁路系统普遍位于地下3.06m到4.6m，周围布满岩石。而地铁周边的建筑物的地下被挖空，位于周边建筑物地下一、二层之间的中层空间用来作为过道或者行人自由活动区域，穿越邻近建筑物的地下层就可以进入地铁车站。这样人们不需要从地表的入口进入地下步行系统，直接从周边的办公场所、住宅、商业区等建筑物进入这些建筑物的地下层（地下室）到达大厅就能进入车站。

蒙特利尔地下步行系统是1962年从Ville-Marie区最初的地下步行道发展起来的，之后，有新的建筑物的地下层被连接到Ville-Marie区的地下步行道，随后，逐渐有新的建筑物的地下层被连接到原有的地下步行系统中，不断

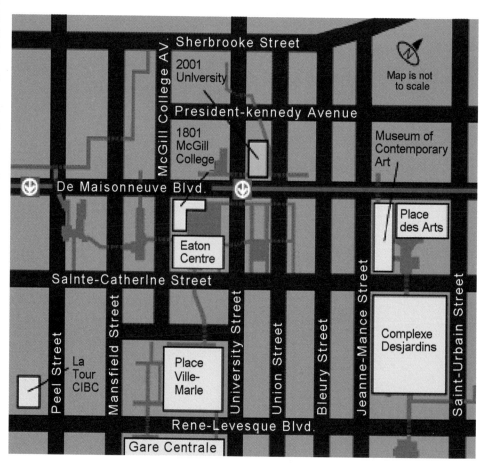

图2.10 蒙特利尔地下步行系统最初的步行通道——连接Ville-Marie区和中央火车站。从图中可以看见Ville-Marie区和中央火车站的位置以及连接二者的地下步行通道的位置

图2.11 1962年蒙特利尔地下步行系统

图2.12 1969年的蒙特利尔地下步行系统，10座建筑已经被地下步行系统连接到地铁站

图2.13 1976年的蒙特利尔地下步行系统——地下步行通道已经把2个地铁线路连接起来

图2.14 1989年的蒙特利尔地下步行系统：1984年蒙特利尔地下步行系统已到达11km，1989年增长到21km，地下步行系统把新的建筑物与早已存在的建筑物连接起来，满足了CBD需求等。QIM自愿捐款800万美元使公众土地得到一个局部改善，使地下步行系统得到扩展

扩大。蒙特利尔的建筑物基本上都建有地下层。地下层建造在与原有的地下步行系统接近的深度，为了通行方便建造时尽量通过水平通道连接，地表海拔高度差别很大、不便建造水平通道的地方则通过有坡道或台阶的通道连接，但是台阶旁通常建造有平缓的坡道，便于行李拖车、购物拖车、货运拖车或轮椅通过。

　　1963年，世界博览会选定将在蒙特利尔市召开，带来了蒙特利尔市地产业的兴旺和地铁建设的发展。1964年，建造车站的计划全部完成，蒙特利尔市开始以长期租约的形式出售土地，允许经过公众投标在地铁之上建造其他建筑。随着1966年地铁站主体建成，蒙特利尔地下步行系统连接到文德站、Chateau Champlain酒店、加拿大广场办公大楼、文德广场、温莎火车站等，形成地下城的核心，地下步行系统还连接到维多利亚广场站、证券交易大厦等。1967年世界博览会之前，已有10座建筑被地下步行系统直接连接到地铁车站（图2.12）。

　　1967年世界博览会之后的几年对商业区的商业地产来说是比较困难的几年，因此，地下步行系统在20世纪70年代扩张缓慢。蒙特利尔赢得举办1976年夏季奥运会之后，投资者才恢复对地下步行系统进行扩张的信心。地下步行系统连接到德斯艺术区（Place Des Arts）和阿米斯区（Placed' Armes）地铁站、德斯亚丁斯综合大楼（Complexe Des Jardins）、盖伊综合大楼、联邦政府大楼、会展中心（图2.13—图2.14）。

　　现在的蒙特利尔地下步行系统，长达33km左右，涵盖大约12km²的区域。地下步行通道最小尺寸是高3m、宽

| 图2.11 | 图2.12 |
| 图2.13 | 图2.14 |

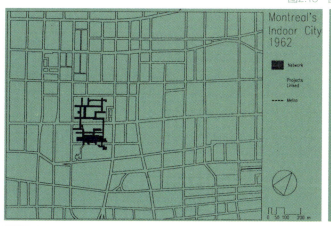
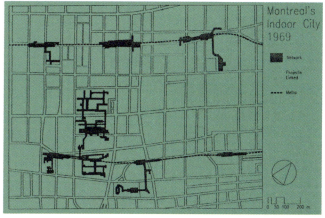
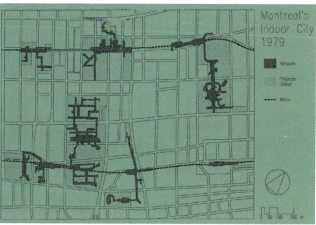
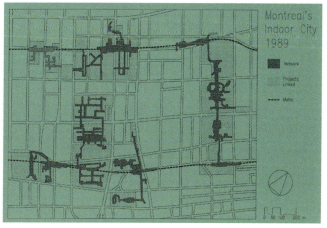

5m。为了避免地面的恶劣天气,每天大约有50万人通过地下步行系统进入到相互连接的60座大厦中,也就是进入到超过360万m²的空间中,其中包括了占全部办公区域80%的办公空间和相当于城市商业区总面积35%的商业空间(图2.15)。

蒙特利尔地下步行系统连接着2条地铁线、10个市中心的地铁站、2个巴士站、容易到达的155个地面出入口、14 500个室内公共停车场(进入31个加油站)、1 060个住宅住所(在4个不同的建筑物中)、蒙特利尔市80%的CBD(业务中心地区)办公场所(2 900万m²)、近1 200个办事处、9个旅馆(4265个客房)、19个电影院、10个戏院和音乐厅、1个博物馆、9个健身中心、50个餐馆、40个银行、14所大学和学院、1个大教堂、3个展馆(分别是Bonaventure广场、Convention中心、Olympic中心)、Olympic公园、Place des Arts(艺术广场)、Molson中心、蒙特利尔市35%的地下商店(1 000多家商店)、发廊和旅游景点(图2.16—图2.17)。

图2.15 2001年到2005年最近增加到地下步行系统的是 International District (QIM)(国际区)、国际活动集结(Concentration of international activities)等
图2.16 现在的蒙特利尔地下步行系统平面图,白色的是地下步行道,黑色的是步行系统连接的区——连接的主要建筑物
图2.17 蒙特利尔地下步行系统主要节点及其连接的步行通道

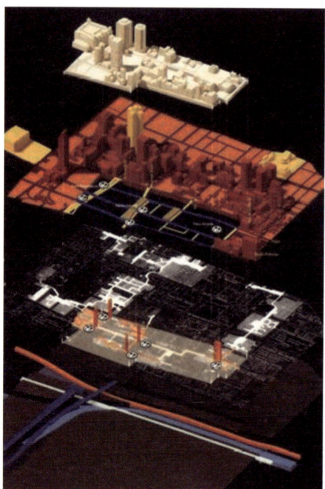

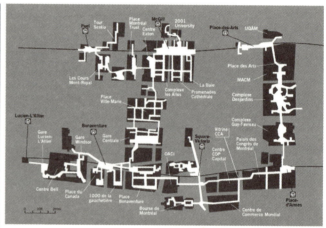

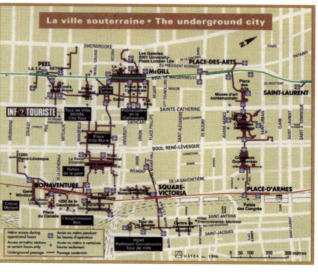

虽然地下步行系统的排名很难有一个标准，但蒙特利尔地下步行系统在长度、面积、连接的商店数等方面，都领先于其他城市的地下步行系统，从这个标准来说规模是最大的。

蒙特利尔地下步行系统形成的原因有三：

一是"气候"。当地冬季漫长、寒冷，冬季户外交通受影响。蒙利特利尔因为它每年4—5个月的冬季而闻名，一年有近4个月在冰雪覆盖之下，一月是一年中最冷的时候，平均日温-10.4℃，平均每日最低温度到-14.9℃。由于冬天常有风，体感温度比实际温度还要低得多，在地下步行系统建造之前，当地人在一年中有接近半年的时间不便出行。在漫长、寒冷的冬季人们需要通过地下步行系统进行正常的交通、娱乐及商业活动。

二是"城市构造"。蒙特利尔市北面是皇家山，南面是圣劳伦斯河，东面和西面是交通干线，构成了一个12km²的长方形的区域。在19世纪末期，古老的蒙特利尔城的拥挤和公共广场以及公共空间的建立导致了新的城市中心的出现，蒙特利尔市业务中心地区（CBD）就挤压在St.Lawrence河和Royal山之间这个12km²长方形的区域中，城市建筑及城市交通只能在这个狭窄的长方形地域中向地下发展(图2.18)。

图2.18a　图2.18b　图2.18 蒙特利尔市的业务中心地区（CBD）挤压在圣劳伦斯河和皇家山之间12km²长方形的区域中。东西向的主要干线和位于中央部位的2条地铁线。平行的地下人行道远隔750m

三是"地铁"。蒙特利尔地下步行系统连接着65个地铁站中的10个。通过附近的建筑物的地下层的前厅能便利地到达地铁站。地铁站连接着33km长的地下步行通道(图2.19—图2.27)。

2.4 多伦多(Toronto)地下步行系统

多伦多地下步行系统位于加拿大多伦多市(图2.28)。27 000m长的步行道,包括地下和地上两个部分,50座建筑通过直通通道连接,称作多伦多地下步行系统。这个地下步行系统连接着20个停车场、5个地铁车站、1个铁路终端、2个主要的百货公司、6个旅馆(图2.29—图2.30)。

多伦多地下步行系统于1954年开始建造。

20世纪60年代中期:中间街区架空步行道。

1969年:计划在(众多)街道下面也建造步行隧道,把高楼与地铁连接起来。

图2.19 蒙特利尔地下步行系统在太阳城国际广场
（Place de la Cité Internationale）的地下通道
图2.20 蒙特利尔地下步行系统在太阳城国际广场附近的地下通道
图2.21 蒙特利尔地下步行系统——维多利亚广场
图2.22 蒙特利尔地下步行系统在维多利亚广场附近的地下通道

图2.19 | 图2.21
图2.20 | 图2.22

| 图2.23 | 图2.25 | 图2.23 蒙特利尔地下步行系统在万国宫会议中心
| 图2.24 | 图2.26 | （Palais des Congrès）的地下通道
图2.24 蒙特利尔地下步行系统内部
图2.25 蒙特利尔地下步行系统地铁入口
图2.26 蒙特利尔地下步行系统

图2.27 蒙特利尔地下步行系统的一个入口
图2.28 Toronto地下步行系统
图2.29 Toronto地下步行系统内部
图2.30 Toronto地下步行系统内部照明

图2.28
图2.27
图2.29
图2.30

20世纪80年代初：地下步行道已有3km长，但是作为一系列独立的步行购物中心，没有更好地发挥交通作用。多伦多市必须使地下步行道发挥更大的作用，成为一个方向连贯的标记系统。很多人对此感兴趣，但没有人愿为此承担责任。

1986年：多伦多市为方向标记系统的可行性研究提供资金。

多伦多地下步行系统的简化地图计划标识出步行道的出口和在每一个出口前方的建筑物。

多伦多地下步行通道系统在1992年建成。

总成本：大约200万美元，一半由Toronto市承担，另一半由有关的房产所有者（指的是使用此隧道的办公大楼等建筑物的资产所有者）共同承担。

从土耳其地下城遗址中的地下步行系统，到今天现代繁华都市的地下步行系统，地下步行交通在城市交通中崭露头角，逐渐走进现代城市生活，越来越多地介入到市民生活及城市商业生活中。

美国俄克拉荷马城地下步行道的成功给我们的启示就是，地下步行道的本质就是为行人通行的方便服务的，地下步行系统乃至地下空间的开发与建设，不可忽视的一点就是要有让人一看就明白的方向指示，让行人轻易地就可以到达目的地，切不可追求复杂，把地下步行道建成让行人晕头转向的迷宫。例如有不少当地居民和外地游客反映深圳地下步行通道方向指示混乱、结构复杂，让人如入迷宫，不少急着办事的人进入通道数小时仍找不到出口，连当地居民也极易迷路。地下步行系统的建设不可盲目跟风，没有实用性的地下步行通道，即使建得再复杂，再多，也是一个城市"花瓶"，地下步行系统的建设一定要注意实用性和方便性。加拿大蒙特利尔地下步行系统和Toronto地下步行系统给我们的启示是地下步行系统的建设一定要同市民的生活需要紧密结合。未来的地下步行系统将更多地与办公大楼、居民住宅、地下商业中心等结合，发展成具有交通功能和更多服务功能的大型地下综合建筑体。

参考文献

[1] Carmody J,Sterling R,Underground Space Design[M].New York:Van Nostrand Reinhold,1993.
[2] www.lowermanhattan.info/rebuild/new_design_plans/selected_libeskind.
[3] Darton E.A biography of New York's World Trade Center[M],2001.
[4] Blake.Downtown in 3D[J].Architectural Forum,1966,10(2):31-48.
[5] Brown D.Critiquing the Underground City[J].Planning,1985,51(3).
[6] Demers C.Le nouveau centre-ville de montreal[J].Cahiers de Geographie du Quebec,1983(27).
[7] Geist J.The History of a Building Type[M].Washington:Brookings Institution Press,1983.
[8] Abbot B.Changing New York[M].New York:E.P.Dutton,1939.
[9] Allan F.Only Yesterday[M].New York:Harper and Brothers,1931.
[10] Amram D.Vibrations:The Adventures and Musical Times of David Amram[M].New York:Macmillan,1968.
[11] Armstrong T.Modernism,Technology,and the Body[M].New York:Cambridge UP,1998.
[12] Aragon L.Paris Peasant[M].Boston:Exact Change Press,2004.
[13] Ashton D.A Joseph Cornell Album[M].New York:Da Capo Press,1974.
[14] Atkinson J.The Play:Perils of the Subway[M].New York:Oxford University Press,1999.
[15] Allan F.Only Yesterday[M].New York:Harper and Brothers,1931.
[16] Ayers E.Southern Crossing:A History of the American South,1877—1906[M].New York:Oxford UP,1995.
[17] Bachelard G.The Poetics of Space[M].Boston,MA:Beacon Press,1969.
[18] Baker H.Modernism and the Harlem Renaissance[M].Chicago:University of Chicago Press,1987.
[19] Ballon H.New York's Pennsylvania Stations[M].New York:WW Norton,2002.
[20] Balshaw M.Looking for Harlem:Urban Aesthetics in African-American Literature[M].London:Pluto Press,2000.

[21] Baraka I.Dutchman and The Slave[M].New York:William Morrow and Company,1964.
[22] Benjamin W.The Work of Art in the Age of Mechanical Reproduction [M].New York:Schocken Books,1968:217-252.
[23] Bennett R.New York City:The Literature,Art,Jazz,and Architecture of an Emerging Global Capital[M] New York:Routledge,2003.
[24] Berkowitz J.Yiddish Theater:New Approaches[M].Oxford:The Littman Library of Jewish Civilization,2003.
[25] Bernstein C.Blood on the Cutting Room Floor[M].Los Angeles:Sun and Moon Press,1986.
[26] Blake W.Selected Poetry[M].Michael Mason(Ed.and Intro).Oxford:Oxford UP,1996.
[27] Tannock S.Nostalgia critique[J].Cultural Studies,2003,19(1):89-96.
[28] Tapper G.The Machine That Sings:Modernism,Hart Crane,and the Culture of the Body[D].New York:Columbia University,2000.
[29] Tashjian D.Skyscraper Primitives:Dada and the American Avant-Garde 1910—1925[M].Middletown,CT:Wesleyan UP,1975.
[30] Taussig M.The Nervous System[M].New York:Routledge,1992.
[31] Thacker A.Imagist travels in modernist space[J].Textual Practice,1993(7):224-246.
[32] Batty M.Moving Through Modernity:Space and Geography in Modernism[M].Manchester:Manchester UP,2003.
[33] Thompson E.The Soundscape of Modernity:Architectural Acoustics and the Culture of Listening in America,1900—1933[M].Cambridge,MA:The MIT Press,2002.
[34] Tichi C.Shifting Gears[M].Chapel Hill:The University of North Carolina Press,1987.
[35] 童林旭.地下空间与城市现代化发展[M].北京:中国建筑工业出版社,2005.
[36] 吉迪恩.S.格兰尼,尾岛俊雄.城市地下空间设计[M].北京:中国建筑工业出版社,2005.

[37] 童林旭.地下建筑学[M].济南:山东科学技术出版社,1994.
[38] 陈立道,等.城市地下空间规划理论与实践[M].上海:同济大学出版社,1997.
[39] 祚清.日本城市大规模、深层次、多功能的地下空间开发利用[J].地下空间,1990(2).
[40] 同济大学地下空间研究中心.国内外地下空间开发利用的历史、现状与趋势[J].同济大学学报,1991.
[43] 束昱,彭芳乐.地下空间研究的新领域[J].地下空间,1990(9).
[41] 陈立道,朱雪岩.城市地下空间规划理论与时间[M].上海:同济大学出版社,1997
[42] 王文卿.城市地下空间规划与设计[M].南京:东南大学出版社,2000.
[43] 束昱,王璇.国外地下空间工程学研究的新进展[J].铁道工程学报,1996(10).
[44] 董鉴泓.中国城市建设史[M].北京:中国建筑工业出版社,1989.
[45] 周于峙.发展我国大城市交通的研究[M].北京:中国建筑工业出版社,1999.
[46] 童林旭.地下空间概论[J].地下空间,2004（1）.
[47] 徐永建,闫小培.城市地下空间利用的成功实例[J].城市问题,2000（1）.

3 地下河道

说到地下交通，人们首先想到的是地下陆上交通，而忽视了地下水上交通。在人工开凿的运河出现前，自然界就存在许多地下河流，人们发现这些地下河流可以用来通行。后来人们开凿了地下运河，地下运河曾一度在地下货运交通中起垄断作用。

法国米迪运河上的Malpas隧道是世界上第一个可以行船的地下运河河段。两个多世纪中，这条运河不负众望，给流经地区带来了繁荣。与陆路交通相比运河交通有低廉的货运成本，英国因此兴起了"运河建造热潮"，英国最高、最长、最深的运河隧道——Standedge隧道，就是"运河疯狂"时代的产物。伴随着Malpas隧道和Standedge隧道的建造，迎来了地下运河在交通史上的辉煌。

本章主要介绍船的演进历史、自然地下河，并以法国米迪运河的Malpas隧道和英国Standedge隧道为例，介绍地下运河隧道。

3.1 船的演进历史

为了横渡江河,人类需要船只作为承载工具。船的历史演进归纳起来大致可分为五个阶段:早期船、帆船、汽船、近代船及新式船(图3.1—图3.8)。

1)早期船:早期的船主要有筏和独木舟等,主要以人力作为航行的动力。

2)帆船:对于古代人来说,帆是一件了不起的发明,它使船的航行动力由早期的人力转为风力。

3)汽船:随着蒸汽机的发明,19世纪初美国人发明了蒸汽船。

4)近代船:按各自的功能,可划分出许多专业的船。例如:渔船、客轮、货轮、军舰等。

5)新式船:

气垫船是高速行驶船只的一种,行走时因为船身升离水面,船体水阻得到减少,以致行驶速度比用同样功率的船只快。

水翼船是一种高速船。船身底部有支架,装上水翼。当船的速度逐渐增加,水翼提供的浮力会把船身抬离水

图3.1 竹筏　　图3.5 货船
图3.2 独木舟　图3.6 游船
图3.3 帆船　　图3.7 气垫船
图3.4 汽船　　图3.8 水翼船

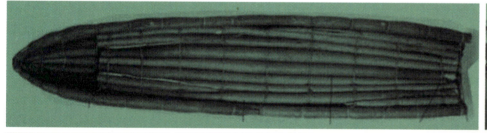

面，从而减少水的阻力和增加航行速度。

3.2 自然地下河

在人工运河出现以前就存在着自然的地下河，如：黎巴嫩Jeita岩洞地下河、墨西哥Yucatán半岛地下河、越南Phong Nha（风牙）洞穴地下河、中国广西省冠岩地下河、中国仙桥地下河、中国连州地下河、美国Santa Fe河地下河、菲律宾Puerto Princesa地下河、法国Labouiche地下河、墨西哥Tolantongo洞穴的地下河、斯洛文尼亚Krizna jama洞穴的地下河等。

3.2.1 广西省冠岩地下河

中国广西省冠岩地下河位于广西桂林市东南角与灵川县西南角交界处，出口在冠岩山之下，水流流入漓江，距市区约29km，它是桂林附近最大的地下河洞穴。其进口在灵川县南圩南面坪山谷地之中，出口在桂林市草坪圩南岩山下，岩因其山形如紫金冠而得名，又名甘岩、光岩。总长超过12km，流域面积达80km²，可被分为若干段（图3.9）。

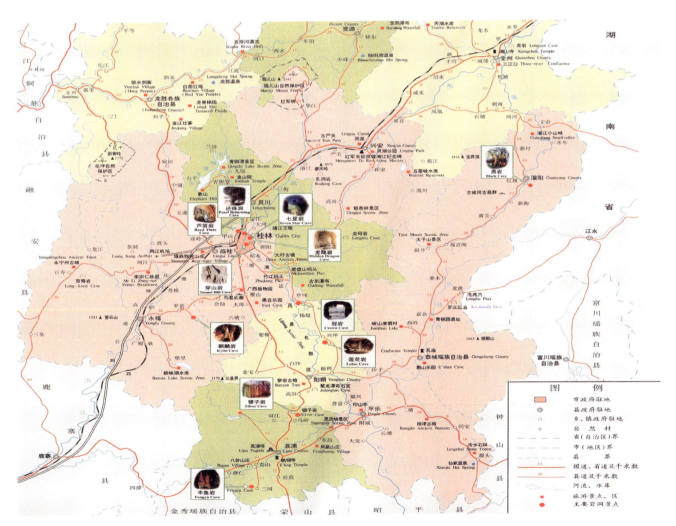

图3.9 冠岩地下河地理位置图

南圩坪山谷地段：谷地接受大量来自碎屑岩分布区的外源水，形成三条地表小河，以伏流形式补给冠岩地下河洞穴。

穿岩段：从伏流入口至牛屎冲竖井，总长度为3 860m，为峡谷状地下河洞穴。通道高一般在20m以上，最高处达60m，宽度一般为10—30m。洞底有大量砾石，有两处较大的崩塌堆积体。在牛屎冲竖井的下游，地下河成为虹吸管，1985年中英联合洞穴探险队对该虹吸管作潜水探测，探测长度为250m，垂直下降深度为35m(图3.10a—图3.10c)。

大岩冲段：为一孤立的高位洞穴，长900m，洞口高悬，上层洞道为横向洞穴，而后沿一垂深为110m的竖井进入下部通道，最后至一个现今仍在活动的虹吸管通道所造成的水潭之中。

小河里岩段：冠岩地下河在牛屎冲处潜伏约3km后在小河里岩入口处以深虹吸管形式出现，被潜水探测的长度为110m，垂直下降的深度为46m。小河里岩内有一系列的深水水潭和较大的厅堂，全长为2 840m。

小河里明流段：又被称为小河里天窗，底部为冠岩河，长700m，流入冠岩—安吉岩洞穴。

冠岩—安吉岩段：为冠岩地下河下游段，由上层旱洞安吉岩和下层水洞冠岩组成，总长为3827.3m，其中旱洞长2401.1m，可游览长度为1724.8m；水洞长1426.5m，可游览长度为892.8m。旱洞一般宽8—15m、高10—25m。最大厅堂为棕榈树大厅，高50.6m，宽53.3m。水洞宽6—25m、高5—9m，水深一般为1.5—6m。

图3.10a 平面图
图3.10b 剖面图
图3.10c 冠岩地下河平面图和剖面图及地下河照片

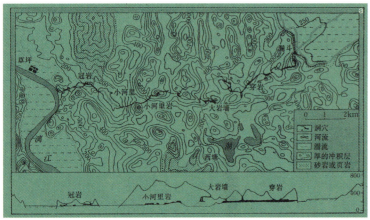

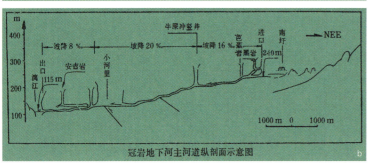

3.2.2 世界著名地下河

世界著名的地下河见表3.1:

表3.1 世界著名地下河一览表

名称	地点	长度	概况
黎巴嫩Jeita岩洞地下河（图3.11—图3.14） 图3.11 Jeita溶洞地下河 图3.12 Jeita溶洞地下河大图1 图3.13 Jeita溶洞地下河大图2 图3.14 Jcita溶洞地下河大图3	位于黎巴嫩Nahral-Kalb河（Dog河）流域的Beirut北部20km处	超过6910m	Jeita岩洞（报纸广泛使用的名称是"Jeita石窟"），是一个岩溶地形（又称karstic地形）石灰岩溶洞。此岩洞由两个复杂的洞穴组成，上部是一个长廊，下部较低的溶洞是一条地下河——发现于1836年。Jeita地下河是为Beirut供水的Nahral-Kalb河（Dog河）的主要源头。Jeita溶洞是黎巴嫩最长的已探索的溶洞
越南Phong Nha（风牙）洞穴地下河（图3.15—图3.18） 图3.15 Phong Nha（风牙）地下河的洞穴入口1	位于越南广平省	Phong Nha洞穴地下河长13 969m。Thung岩洞地下河长3 351m。Khe Ry岩洞地下河——Khe Ry河长3.817km	除了石窟和洞穴系统，Phong Nha具有当地最长的地下河流。Son河流入Phong Nha洞穴，成为地下河，这条地下河被称为Nam Aki河（南艺河）。风牙河，就像这个地区的大多数洞穴一样，一直在不断形成的Chay河（斋河）。Thung岩洞（Hang Thung）有一条地下河，这条河水源在Rao Thuong。Khe Ry岩洞（溪里石窟）（Hang Khe Ry）里的地下河——Khe Ry河，是一条海拔120m的溪流，发源于一座1 300m高的山脉。Khe Thi溪发源于Khe Thi岩洞（Hang Khe Thi），是这个岩洞的地下河。Vom岩洞（Hang Vòm）里也有一些地下河和地下水池

续表3.1

名称	地点	长度	概况
图3.16 Phong Nha（风牙）地下河的洞穴入口2 图3.17 Phong Nha（风牙）地下河内部 图3.18 Phong Nha（风牙）地下河景观			
墨西哥Yucatán半岛地下河（图3.19—图3.20）图3.19 墨西哥Yucatán半岛地下河的一个石灰岩溶蚀形成的天然水井，或称灰岩坑（落水洞），被命名为"Calimba"——一个进入Yucatán半岛地下石灰岩洞穴的出口 图3.20 墨西哥Yucatán半岛地下河内部	墨西哥Yucatán半岛——墨西哥东南部Cancun和Cozumel——玛雅遗址Itza和Tulum考古区。地下河源头距离Cancun南部130km，通向Caribbean海（加勒比海），在Mayan	长度超过153.6km，深72m	目前，潜水员在墨西哥Yucatán半岛探索到的水下洞穴迷宫有可能是世界上最长的地下河。隧道入口位于点缀在石灰岩上的深井

续表3.1

名称	地点	长度	概况
菲律宾Puerto Princesa地下河（图3.21—图3.23）    	菲律宾Puerto Princesa	超过8.2km（有4.3km通航）	菲律宾Puerto Princesa地下河（公主港地下河）的一个显著特点是，河流蜿蜒穿过一个山洞，直接入海（流入南海）。该地下河曾被誉为已勘探的世界上最长的地下河

图3.21 菲律宾Puerto Princesa地下河1
图3.22 菲律宾Puerto Princesa地下河2
图3.23a 菲律宾Puerto Princesa地下河1
图3.23b 菲律宾Puerto Princesa地下河2

续表3.1

名称	地点	长度	概况
美国Santa Fe河地下河	位于美国Florida州北部	121km	Santa Fe河的不同寻常之处在于它完全消失在地下，然后又出现在5km的下游
法国Labouiche地下河	位于法国的Foix西北6km	1500m	Labouiche地下河（Foix Cedex – Labouiche地下河，当地名称：Riviere Souterraine de Labouiche）是欧洲最长的通航地下河。它被发现于20世纪初，于1938年向公众开放。Labouiche地下河有欧洲最长的地下行船水路。容易航行
墨西哥Tolantongo洞穴的地下河（图3.24）	位于墨西哥Hidalgo州的Mezquital 峡谷27路，在距离Ixmiquilpan 17km处	—	Tolantongo洞穴主要有两个岩洞：较大的一个岩洞有地下河流动。主要石窟外面是水池。洞内被称为"隧道"是由于其形状狭窄，隧道约15m长。里面有一个部分充满了溪水

图3.24 Tolantongo洞穴内的地下河

名称	地点	长度	概况
斯洛文尼亚Krizna jama洞穴的地下河（图3.25—图3.26）	位于斯洛文尼亚（Slovenia）Lozka 灰岩坑的Lozka落水洞	深度是32m，长度是8.27km	Venice Krizna的出口处的Krizna jama（Krizna 洞穴或叫Cross洞穴）是一个Loska落水洞的洞穴，发现年代是1832年。这个洞穴尤其著名的是洞穴里有22个绿宝石色的地下湖。进入Pisani rov溶洞需要乘小船。隧道内有清澈透明的水流

图3.25 Krizna jama洞穴的地下河1
图3.26 Krizna jama洞穴的地下河2

名称	地点	长度	概况
中国广西省冠岩地下河	位于广西桂林市东南角与灵川县西南角交界处，出口在冠岩山之下，距市区约29km。进口在灵川县南圩南面坪山谷地之中，出口在桂林市草坪圩南岩山下	总长超过12km，从伏流入口至牛犀冲竖井，长3860m。小河里岩段长为2840m。小河里明流段，长700m，冠岩—安吉岩段：水洞长1426.5m，可游览长度为892.8m，宽6—25m，高5—9m，水深一般为1.5—6m	冠岩地下河。分为若干段落。穿岩段：从伏流入口至牛犀冲竖井，为峡谷状地下河洞穴。大岩冲段：为一孤立的高位岩洞。小河里岩段：冠岩地下河在牛犀冲处潜伏约3km后在小河里岩入口处出现，小河里岩内有一系列的深水水潭。小河里明流段：底部为冠岩河，流入冠岩—安吉岩洞穴。冠岩—安吉岩段：为冠岩地下河下游段
中国仙桥地下河（图3.27）	中国英德西北方横石塘镇	暗河长约300m 明河长1500m	中国仙桥地下河由两段暗河和中间一段明河联成，自西向东流。从岩口山下乘小船通过第一段地下河，这一段是暗河。穿出岩口暗河就来到了九曲溪，这是一段明河

续表3.1

名称	地点	长度	概况

图3.27 中国仙桥地下河

中国连州地下河
(图3.28—图3.29) | 中国粤桂湘三省交界——连州市东北26km处 | 长1 500m。河面宽1.6—10m,水深1—7m | 连州地下河在粤桂湘三省交界的崇山峻岭之中,是一个亚热带喀斯特地貌的典型巨型天然石灰岩溶洞。下层是一条地下暗河,由北向南蜿蜒经过香蕉峡、莲花峡、龙门峡三处峡谷,穿过四座山头

图3.28 连州地下河
图3.29 连州地下河地图位置

3.3 地下运河

3.3.1 有代表性的运河隧道

1) 法国米迪（du Midi）运河上的Malpas隧道（图3.30—图3.33）

米迪运河上的Malpas隧道，位于法国南部Enserune的一座山下，是世界上第一个可以航行的地下运河河段。隧道长达173m（不算一个额外的船闸的长度，Malpas隧道长165m）、宽6.7m、高8.8m，建造在罗马Enserune城所在的山脚下。Malpas隧道是米迪运河工程的一部分，建于1679—1681年，是公认的世界上第一条运河大隧道（图3.32）。

米迪运河连接Garonne河流域到地中海的Etang de Thau，从Toulouse市通至地中海东部港口Sète。

最初的目的是解决以下问题：米迪运河将作为一个大西洋和地中海之间的捷径，绕道怀有敌意的西班牙、北非海盗出没的地区作长途航行——在17世纪这样的旅行需要整整一个月的航行，以及规划在未来150年如何供应足够的水。

Pierre-Paul Riquet——法国Languedoc地区的一个富裕的税款包收人（替人收税的农民），他熟知这个地区，相信在1662年，他可以解决这些问题。他首先说服了Jean – Baptiste Colbert——路易十四的财政部长。

这个项目在1665年被推荐给一个被指定的皇家专门调查委员会。1666年法国国王路易十四下令建造，大概支出了336万里弗的资金。

图3.30 法国米迪运河在地图上的位置——平面图。蓝色的是米迪运河——从Toulouse市到地中海港口Sète（运河东部末端）

图3.31 米迪运河地理位置——越过不同地区的米迪运河和连接米迪运河的Garonne河。米迪运河在Toulouse连接通往大西洋的Garonne河，米迪运河在港口Sète连接地中海，从而把大西洋和地中海连接在一起。可以看到米迪运河——从起点Toulouse市到终点地中港口Sète（运河东部末端）

图3.32 米迪运河隧道

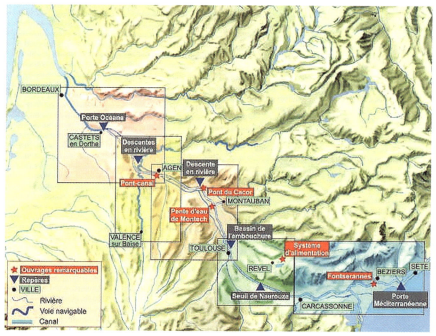

1666年10月，法国国王路易十四授权Pierre-Paul Riquet (1604—1680)，建设了后来成为17世纪最宏大的土木工程项目之一的米迪运河。63岁年纪的Pierre-Paul Riquet开始了他最大的工作，委托他的工程师——Francois Andreossy修建此工程。米迪运河要从Enserune的一座山下穿过，Pierre-Paul Riquet决定建造Malpas隧道。

Malpas隧道于1679年在Herault的Colline d'Ensérune开挖。作为米迪运河上的地下通道，它是欧洲第一个通航的运河隧道。

当工程到达Colline d'Ensérune时，令人大失所望的是，在坚硬的岩石上挖掘了几米后，发现了非常易碎的砂岩表层正在下滑。Jean–Baptiste Colbert首相（财政部长）得知情况后停止了这项工作。入口被封闭，重新选择挖掘地点。Pierre-Paul Riquet的诋毁者们利用这种情况阻碍了项目。Pierre-Paul Riquet的反应是叫他的石匠大师Pascal de Nissan冒着崩溃的危险继续秘密挖掘隧道。不到8天隧道就已经完成了整个的有形顶棚。

Pierre-Paul Riquet死于1680年10月1日，当时工程尚未竣工。1681年5月15日他的儿子马蒂亚斯下令进行首次试航。

Malpas隧道与Midi运河一起在1681年5月15日正式开通。

整个工程最终成本超过1 500万里弗，其中近200万来自Pierre-Paul Riquet自己（工程留给他巨额债务，他死于1680年，正好在运河开放通航几个月前。他的两个儿子继承了运河的开挖工作，但家庭的投资没有收回，债务不能完全支付，直至100年后才还清债务）。

图3.33a Malpas隧道1　　　　　　　图3.33a ｜ 图3.33b　　　　　　　图3.34
图3.33b Malpas隧道2
图3.34 Standedge隧道平面图

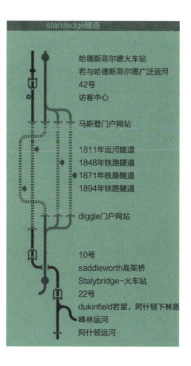

两个多世纪中，这条运河和Malpas隧道不负众望，给流经地区带来了繁荣。货物和旅客都沿河运送。运载葡萄酒的马拉大型平底船、小船和驳船往返于两岸间，船闸管理员、驾驶员、马车夫驳船船员、旅行推销员及商人则在岸上忙个不停。

如今，米迪运河已不再运送货物，但随着水路旅游业的发展，它又重现生机。成千上万的业余水手来到这里，沿着它弯曲、阴凉的航道漂流而下，他们在沿途会发现因技术的巧妙和建筑的精致而创造的奇迹，这一切都与周围的乡村和谐地融为一体。米迪运河于1996年12月7日被列入《世界遗产名录》。

2) 英国 Standedge 隧道

●设计

Standedge隧道（图3.34）是英国最高、最长、最深的运河。Standedge隧道运河高出海平面197m，长5 029m，深194m。该项目是在1794年"运河疯狂（运河建造热）"高峰期间开始建造的，在英国最著名的土木工程师之一——Thomas Telford的帮助下，用了17年的时间完成。Standedge隧道坐落于Huddersfield窄运河中段，在英格兰北部的Pennine山高脊下方，运河在Colne河谷的Marsden和Saddleworth的Diggle的Marsden之间穿过。

这条运河隧道有几处地方有砌砖作为内衬，其他地方则是裸露的岩石。隧道最初在1811年开通，在2001年恢复并重新开放（图3.35—图3.42）。

●建造过程

运河隧道始建于1794年。路线的选择采用了一项大胆的计划，隧道超过5km长，在Standedge的Pennines下方——比任何其他运河隧道长。

Benjamin Outram是建造Huddersfield窄运河的顾问工程师。

隧道布局困难。因此有必要制定一条横跨山顶的直线，并计算下面的运河要有多深。矿坑要降到必要的深度，以此为基础挖掘隧道。

此外，有必要推动排水入口工程。Benjamin Outram提出了他的看法，即山丘是由粗砂石和强有力的页岩组成的，应该不会构成任何困难。实际上，他没有想到需要一个内层。这是一个非常雄心勃勃的事业，而在那个时候Benjamin Outram还没有既定的工程师，虽然Benjamin Outram已经取得Cromford运河的Butterley隧道的建设经验。尽管如此，超过预期的水量进入施工部位。

入口使用了所谓的"水力发动机"——只是在竖井顶端的滑轮上的一根绳子上系两个水桶。虽然蒸汽机水泵进行了试用，但试用证明它们效率低下和对于运行来说太昂贵了。另一个问题是保持适当的空气，供工人呼吸。采取在通风管道的顶端喷水，带进足够的新鲜空气。

运河开工5年后开放。然而，到1799年，这条运河两头分别已经建到Marsden和Dobcross，运河已经远超出它最初开放的长度。

在"运河疯狂（运河建造热）"的时代，对利润的期望推动了技术的飞跃。一个对Rochdale运河公司在Littleborough和Ripponden之间建造一条6.4km的运河竞争的建议一直停留在绘图版上。Standedge 隧道是如此雄心勃勃以至于几乎导致整个运河计划的衰落。

隧道的修建被许多问题所困扰，其中许多是资金问题。隧道挖掘在两端开始，但一段时间后，才意识到Diggle建造的比Marsden高出1m左右。为纠正这一点，以往建造的部分受到破坏，造成了一些崩溃。还有一个长期存在的问题——大量的水渗入矿坑，在一年里只有137.16m的隧道被挖掘。

这条运河的工程师Benjamin Outram有许多其他承诺,但运河的大部分是在一个年轻的经验不足的测量员Nicholas Brown监督下建设的。(隧道完工之前,由于测量员Nicholas Brown的不准确造成的严重错位在隧道里被发现。)一些建筑工程在1799年被洪水冲毁了,差点造成项目被放弃。

公司增加了更多的资金,进行了维修,但该公司急需从货运获得收入。因此,在Marsden 和 Dobcross之间两条已完成的运河区建立了一个马拉货运系统。

隧道工作充满了困难,进展缓慢。火药被用来炸通固体岩石。大约1801年,Benjamin Outram辞去职务。他辞职后,Thomas Telford被叫来为隧道的完成提供咨询意见。

这条隧道终于在1809年打通。

●资金——再融资

到1804年,进展远远落后于计划,财政上捉襟见肘。开挖在每个隧道的尽头进展,但中央部分是不变。 此外,沿运河有些问题存在——难以按计划运转的经济和差劲的技术工艺,还有运河管委会的介入打乱了步骤,运河管委会不是工程事宜的专家,又面临周期性的资金短缺。1805年,进一步的议会法案是设法筹集更多的投资,Thomas Telford被要求准备一份方案,完成这项工作。

从1794年开工到1811年完工,运河及隧道工程总费用为123 803英镑。

●演变(表3.2)

表3.2 Standedge隧道演变

时间	开停	事件
1811	开通	这条隧道终于在1811年正式开通。运河成为一条航线(图3.35)

图3.35a Standedge隧道在Marsden的隧道入口1
图3.35b Standedge隧道在Marsden的隧道入口2

续表3.2

时间	开停	事件
1811—1921  	使用情况	Thomas Telford的报告阐述了建设Huddersfield隧道的每一项支出，这每一项支出都是一丝不苟的。1811—1840年，隧道平均每天供40艘船只使用。 这条运河隧道只有足够一只窄船通过的宽度和高度，为了节省成本，像英国其他运河隧道一样，隧道里没有纤道。因为运河船只是马拉的，船只不得不由一个船夫或一组船夫用腿推动（在这个过程中，船夫躺在货物上方用腿对着隧道屋顶推动）。 隧道里有几个加宽的岔道——原先设计要经过的地方。然而，由于船夫间的互不相让，发现在隧道内双向行船不可行。运河公司推出一项新的通行方法，隧道的一个尽头被锁链关闭，防止船只未经授权进入隧道。类似的系统至今仍在使用(图3.36—图3.37)

图3.36 Standedge隧道在Marsden的隧道入口3
图3.37 Standedge隧道上的门

| 1944     | 关闭 | 1921年最后一只商船通过这条隧道，1944年隧道正式关闭，之后隧道很快荒废。
1948年一只船曾努力试图从隧道一头到达另一头，但是很快发现是行不通的，因为运河隧道在Pennines山脉两边的几个地方都闭塞了。这条运河隧道成为不安全的隧道，隧道的每个尽头都用大铁栅栏门关闭了。由于有几处岩石崩落，常规的窄船也无法驶过隧道(图3.38—图3.40) |

图3.38 Standedge隧道顶部用石头雕的砖砌成
图3.39 Standedge隧道内部
图3.40a Standedge隧道内部有些地方隧道壁是裸露的岩石1
图3.40b Standedge隧道内部有些地方隧道壁是裸露的岩石2

续表3.2

时间	开停	事件
2001	重开	重开整个运河的修复工程方案为运河隧道提供了500万英镑资金来修复工程的一部分。为了重新打开整个运河,隧道的一些岩石内衬部分被认为是不稳定的(不牢固的)。在可能的情况下,它们由岩石螺栓固定,或者,不切实际地被具体用来稳定岩壁。 该隧道于2001年5月重新开放。最现代化的运河平底船是柴油动力的。当运河重新开放时有人认为,由于隧道长度太长,而且缺乏空气流通,隧道对用自己的柴油动力行驶通过隧道的船民是不安全的。相反,电动拖船能拖拉窄船穿过隧道(图3.41—图3.42)。 2007年9月确定了电动拖船模块中的一处需要大量的维修,英国水路对之进行了自我驾驶操作的试运行。此行船Pennine Moonraker由它自己的主人John Lund驾驶通过隧道,由BW电动拖船拖动

图3.41a Standedge隧道通风井1
图3.41b Standedge隧道通风井2
图3.42 Standedge隧道的另一个出口

3) 英国主要运河隧道(表3.3)

表3.3 英国主要运河隧道

地区	隧道名称	长度(m)	年份
Derbyshire	Butterley 隧道	2712	1794
	Drakeholes 隧道	47	1777
	Gregory 隧道	23	1794
	Hollingwood Common 隧道	2800	—
	Hag 隧道	—	1794
	Norwood 隧道	2637	—
Gloucestershire	Sapperton 隧道: Sapperton 运河隧道 (以及 Sapperton铁路隧道)	1701	—
Leicestershire	Husbands Bosworth 隧道	356.3	
	Saddington 隧道	269.2	
London	Islington 隧道和Maida Hill 隧道	293.3	
Northamptonshire	Blisworth 隧道	934	—
	Braunston 隧道	625.8	—
	Crick 隧道	625.8	
Nottinghamshire	Drakeholes 隧道	—	
Staffordshire	Harecastle 隧道	894	
Warwickshire	Shrewley 隧道	132.3	—

续表3.3

地区	隧道名称	长度(m)	年份
Wiltshire	Bruce 隧道	459	—
West Midlands	Dudley 隧道	963.7	—
	Lapal 隧道(图3.43—图3.44)	3470	—
	Netherton 运河隧道	925	—
Yorkshire – South	Norwood 隧道	2637	—

图3.43
图3.44

图3.43 Lapal隧道东入口1955年测绘地图平面图1

图3.44 Lapal隧道西入口1955年测绘地图平面图2

3.3.2 世界其他主要运河隧道一览表

世界其他主要运河隧道见表3.4：

表3.4 世界其他主要运河隧道

年代	国家	事件
1827—1830	比利时	Bernistap运河隧道，在比利时Luxembourg（卢森堡）的Tavigny不远处，计划通过60t位的船只，是通航隧道，水深约3m，长约1 282m
1927	法国	Rove运河隧道，位于Marseilles-Rhone运河的南部，7.2km长，22m宽，位于Bouches-du-Rhonedept，1927年开通
1825—1827	美国	Union运河隧道，美国现存最早的隧道。1825年5月开工，并在1827年6月完工。这条隧道是美国最古老的现有交通隧道。隧道最初是223m长
1836—1850	美国	Paw Paw 运河隧道，Chesapeake 和 Ohio运河（美国1836—1850年），据估计，建造近1km长的隧道需要2年时间

结语：

从在自然的地下河航行，到在人工地下运河隧道中通行，地下水上交通走过了萌芽、发展、鼎盛和衰退时期。法国米迪运河的Malpas隧道和英国Standedge隧道，见证了地下运河隧道在地下交通史上的兴起和辉煌，历经了两个世纪的沧桑岁月。以它们为代表的地下运河，完成了其历史使命，逐渐退出历史舞台。

参考文献

[1] William C.Imaginations[M].New York:New Directions,1970.
[2] Garreau J.In the American Grain[M].New York:New Directions,1967.
[3] Paterson E.Christopher Mac Gowan[M].New York:New Directions,1992.
[4] Wilson J.Nostalgia:Sanctuary of Meaning[M].Lewisburg,PA:Bucknell UP,2005.
[5] Winspur S.On City Streets and Narrative Logic City Images:Perspectives from Literature,Philosophy,and Film[M].New York:Gordon and Breach,1991.
[6] Elkin A.The WPA Guide to New York City[M].New York:Pantheon Books,1939.
[7] Yaeger P.Introduction:Dreaming of Infrastructure Cities[J].Patricia Yaeger,2007,12(1):9-26.
[8] Yingling T.Hart Crane and the Homosexual Text:New Thresholds,New Anatomies[M].Chicago:University of Chicago Press,1990.
[9] Zabel A.The Underground Railroad in Railroad in African American Literature[M].New York:Peter Lang,2004.
[10] Zeigler G.Subjects and Subways:The Politics of the Third Rail[M].Canada: Space and Culture,2004.
[11] Zurier R.Metropolitan Lives:The Ashcan Artists and Their New York[M].Washington,DC:National Museum of American Art,1995.
[12] Kaku J.Urban redevelopment and road improvement in Taipei[J].The Wheel Extended Toyota Quarterly Review,1994:11-17.
[13] William J.Developing city bus service quality dimensions-Taipei as an Example[J].Journal of the Eastern Asia Society for Transportation Studies,1999,3(2):349-63.
[14] Feng S.Urban Transport system in Taipei (Taihoku no Toshi Koutsu)[J].Transportation and Economy (Unyu to Keizai),1999(4):56-60
[15] http://www.iot.gov.tw.
[16] Tolson M.The Harlem Group of Negro Writers[M].Westport:Greenwood Press,2001
[17] Trask M.Cruising Modernism:Class and Sexuality in American Literature and Social Thought[M].Ithaca: Cornell UP,2003.
[18] Treadwell. Machinal[J].Gassner,2003:495-529.
[19] Trotter J.Introduction Black Migration in Historical Perspective:A Review of the Literature[M].Bloomington:Indiana UP,1991.
[20] Tuan Y.Space and Place:The Perspective of Experience[M].Minneapolis:University of Minnesota Press,1977.
[21] Unterecker J.Voyager:A Life of Hart Crane[M].New York:Farrar,Straus and Giroux,1969.
[22] Valgemae M.Accelerated Grimace:Expressionism in the American Drama of the 1920s[M].Carbondale:Southern Illinois UP,1972.
[23] Easterly W.Stylized facts and growth models[J].World Bank Economic Review,2001(1):5-12
[24] Vicinus M.Helpless and unfriended:nineteenth-century domestic melodrama[J].New Literary History,1981,13(1):127-143.

[25] Vidler A.Bodies in space/subjects in the city:psychopathologies of modern urbanism[J]. Differences,1993,5(3):31-51.

[26] Wainscott R.The Emergence of the Modern American Theater, 1914—1929[M].New Haven:Yale University,1997.

[27] http://en.wikipedia.org/wiki/Economic_Cooperation_Organization.

[28] Sunso T.Value Capture:The Japanese Experience,in Financing Transport Infrastructure[Z].Selected papers from PTRC's Summer Annual Meeting and Conferences,1994:177-185.

[29] Hideki M.On the capital investment of private railway companies in the Tokyo metropolitan region[J].Transportation and Economy (Unyu to Keizai),1991:43-57.

[30] Hideki M.On the capital investment of private railway companies in the Tokyo metropolitan region[J].Transportation and Economy (Unyu to Keizai),1991:56-68.

[31] Fukao Y.Study Report on Assisting Private Sector Participation in Transport Infrastructure Development[R]. Japan:Japan Transport Cooperation Association,1997.

[32] Overseas Economic Cooperation Fund,Japan, Special Assistance for Project Formation (SAPROF) for Metropolitan Rapid Transit Authority Initial System Project, prepared for the Metropolitan Rapid Transit Authority (MRTA), the Government of the Kingdom of Thailand, March 1996.

[33] Cesar T.Urban transport and rail development projects in Manila[J].Transportation and Economy (Unyu to Keizai),1999:73-77.

[34] Katsutoshi O.Issues on mass transit improvement in developing countries, papers on city planning[J].City Planning Review Special Issue (Nihon Toshi Keikaku Gakkai Gakujutsu Kenkyu Ronbun-shu),1985,20:283-288.

[35] 吴再丰.日本地下空间开发技术发展迅猛[J].中国青年科技.1999:13-15.

[36] 陈志龙,王玉北.城市地下空间规划[M].南京:东南大学出版社,2005.

[37] 陶龙光,等.城市地下工程[M].北京:科学出版社,2002.

[38] 忻尚杰,等.中国城市地下空间开发利用研究[M].北京:中国建筑工业出版社, 2001.

[39] 钱七虎.岩土工程的第四次浪潮[J].地下空间,1999,19（4）.

[40] 王毅才.隧道工程[M].北京:人民交通出版社,2001.

[41] 陈建平,等.地下建筑工程设计与施工[M].北京:中国地质大学出版社,2000.

[42] 尾岛俊雄.日本のインフラストラクチャ--[M].东京:日刊工业新闻社,1983.

4 铁路隧道

1825年世界上第一条铁路——乔治·斯蒂芬森负责修建的Stockton至Darlington铁路开通,世界各国掀起了"筑铁路热"。伴随着铁路交通的兴起,运河交通逐渐为铁路交通取代。地下水上交通的辉煌时代结束了,地下陆路交通进入了铁路隧道的兴盛时期。

铁路隧道是随铁路的修建而兴起的。1830年世界上第一个客运铁路隧道——Canterbury和Whitstable线泰勒山隧道开通,这条最早的定期客运火车隧道也是乔治·斯蒂芬森的杰作。1830年开放的边缘山切割是早期英国铁路隧道的一个独具特色的结构。这个由3条铁路隧道和一个摩尔拱及周边建筑物组合成的宏伟建筑是乔治·斯蒂芬森的另一大手笔,其中的Wapping隧道长达2 030m,是早期铁路隧道工程的一个雄伟壮举。

本章以铁轨、火车头、火车的发明开篇,首先从世界上第一条铁路谈起,接着介绍世界上最早的铁路隧道,重点讲述早期英国边缘山隧道、目前世界上最长的日本青函隧道及跨海的英吉利海峡隧道,并附有早期英国主要铁路隧道列表和世界其他国家主要铁路隧道列表。

4.1 火车的发明

火车发明过程见表4.1：

表4.1 火车发明过程

时间	发明人	发明	事件
1767	Coalbrookdale的铸铁厂	铁轨	1767年第一条铁轨在Coalbrookdale铺设。另一资料是：1768年，Coalbrookdale 的铸铁厂开始生产第一批铸铁的铁路用的铁轨
1803	Richard Trevithick（图4.1）	火车头	1803年，工程师Richard Trevithick发明了世界上第一个蒸汽车（蒸汽机机动车或称蒸汽机火车头，它是一个现代火车头的雏形）

图4.1 世界上第一个蒸汽火车头的发明人Rchard Trevithick

| 1804 | Richard Trevithick | 火车头 | Richard Trevithick在Pen-y-Darren 造出火车头"Wylam"。它是世界上第一个真正意义上的蒸汽机火车头（图4.2—图4.5） |

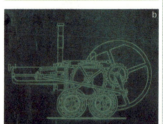

图4.2a Richard Trevithick在Pen-y-Darren建造的世界上第一个蒸汽火车头"Wylam" 1
图4.2b Richard Trevithick在Pen-y-Darren建造的世界上第一个蒸汽火车头"Wylam" 2
图4.3 Trevithick 和 Vivian建造的蒸汽车，1803年在伦敦演示

续表4.1

时间	发明人	发明	事件

图4.4 Richard Trevithick的高压蒸汽机——Richard Trevithick的第14号引擎,大约在1804年,由Hazledine 和Bridgnorth公司建造

图4.5 Trevithick在1804年建造的火车头(复制品)

时间	发明人	发明	事件
1808	Richard Trevithick	火车头	1808年 Richard Trevithick在Euston 造出 "Catch-me-who-can" 火车头
1812	John Blenkinsop	火车头	1812年John Blenkinsop造出火车头 "Salamanca"
1813—1814	William Hedley	火车头	火车头 "Puffing Billy" 被造出,建于1813年到1814年,由工程师William Hedley, Jonathan Forster 和Christopher Blackett的铁匠 Timothy Hackworth 建造
1814	乔治·斯蒂芬森(图4.6)	火车头	乔治·斯蒂芬森的火箭火车头,它是第一个现代蒸汽机火车头(图4.7—图4.8)

图4.6 火车的发明人乔治·斯蒂芬森

图4.7 1829年绘制的乔治·斯蒂芬森的火箭火车头,它是第一个现代蒸汽机火车头

续表4.1

时间	发明人	发明	事件
	—	—	—

图4.8 保存在伦敦科学博物馆的乔治·斯蒂芬森的火箭火车头

时间	发明人	发明	事件
1825	乔治·斯蒂芬森	火车	乔治·斯蒂芬森经过改进，造出了一辆新的更先进的蒸汽机车——"旅行号"。1825年9月27日，在英国的Stockton附近挤满了4万名观众，庆祝世界上第一列火车的诞生。乔治·斯蒂芬森亲自驾驶着世界上第一辆火车从Darlington驶到Stockton，平均速度每小时为13km，最高时速达到20—24km（图4.9—图4.10）

图4.9 人们观看火车
图4.10 早期的英国火车

4.2 世界上第一条铁路

世界上第一条铁路是英国在1825年修建的Stockton—Darlington铁路（图4.11）。Stockton和Darlington相距约21km，由于地处产煤地区，修建铁路成为当时的需要。由乔治·斯蒂芬森负责督修这条铁路和制造蒸汽机车。1822年5月23日在Stockton开工，用了三年多的时间修建成功。铁轨是鱼肚形的熟铁轨，每码重12.7kg。机车只有两台（其中一台就是"旅行号"），大小不及现代普通机车的1/20，有一对直立的汽缸和一对直径122cm的动轮，后加一个水车，总重量只有9煤吨，行速每小时约13km。

1825年9月27日，世界上第一条铁路正式通车营业，并举行了盛况空前的表演。开业典礼在通往Darlington的煤矿运输线的Shildon站举行，检阅式由五列列车组成。

第一列由蒸汽机车"旅行号"牵引，后挂煤水车，32辆货车和1辆客车。客车编挂在列车中间，专供铁路公司的官员乘坐。另有20辆代用客车，是在货车内加上座位供一般旅客乘用，其他车厢满载着煤和面粉，总重达90t，乘座旅客达450人。其余四列车均由一匹马拖六辆货车。第一列机车由设计者乔治·斯蒂芬森亲自操纵。上午9点，列车在奏乐声和欢呼声中从Shildon站出发。

途中曾发生过脱轨，经修复后继续前进。机车半均速度每小时为13km，机车最高时速达到20—24km。

到Darlington支线后，机车补水，并将一部分到达货物甩掉后，继续向Stockton方向行驶。

下午3点47分到达目的地，5点钟在Stockton礼堂举行了宴会，庆祝这次开业检阅的成功。Stockton—Darlington铁路是世界上正式办理客货运营业的第一条铁路。因此，人们把1825年作为世界上第一条铁路诞生的年代。这趟列车的开行，成了当时一件轰动的大事，从而引起了运输生产力划时代的重大改革。随后，在英国和美国掀起了一阵修筑铁路、建造机车的热潮。随着铁路的修建和发展，铁路隧道也开始建造（图4.12—图4.13）。

图4.11　世界上第一条铁路路线两种设计方案，最终确定为蓝线从Stockton到Darlington
图4.12　Shildon在1825年开通铁路前后人口增长
图4.13　英国铁路发展情况

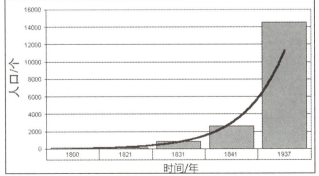

	Passengers Carried (millions)	Freight (million tons)
1842	24.7	5.5
1850	72.9	38.0
1860	163.4	89.9
1870	322.2	166.5
1880	596.6	231.7
1890	796.3	298.8
1900	1114.6	419.8
1912	1265.2	513.6

4.3 铁路隧道

4.3.1 第一条铁路隧道

现在公认的世界上第一个客运铁路隧道是位于英国Kent地区的泰勒山隧道（Tyler山隧道）。它是1830年5月3日世界上第一个开放的定期客运的铁路专线——Canterbury和Whitstable铁路线的一部分（图4.14）。

泰勒山隧道高度只有3.657 6m，宽度3.352 8m（注：宽度是据当地市民讲的），长度是757m。泰勒山隧道是一条单轨单线砖拱结构的铁路隧道（图4.15）。

乔治·斯蒂芬森是建造泰勒山隧道的工程师，John Dixon 和 Joseph Locke 是助手。

据Crab 和 Winkle线基金会认为泰勒山隧道建于1826年到1830年之间（据另一资料，该隧道从1825年开始建造，到1826年秋天，在15个月里，只有365.76m已完成）。实际上，世界上首次季票在1832年发行，从Canterbury运送乘客到Whitstable海滩度过夏季。铁路服务运营了一些年后，最初的业主——Canterbury和Whitstable铁路公司，尝试把铁路线和隧道租赁给另一个运营商。但直到1844年9月，东南铁路才接收了这条线路（图4.16）。

图4.14 火车正在驶出泰勒山隧道
图4.15 泰勒山隧道南部入口在Canterbury 到Whitstable 铁路线1951年4月21日拍的照片，该线在1952年12月货运宣告结束时最终关闭
图4.16 泰勒山隧道在泰勒山的位置（右图是泰勒山隧道在Canterbury 到Whitstable 铁路线上的位置）

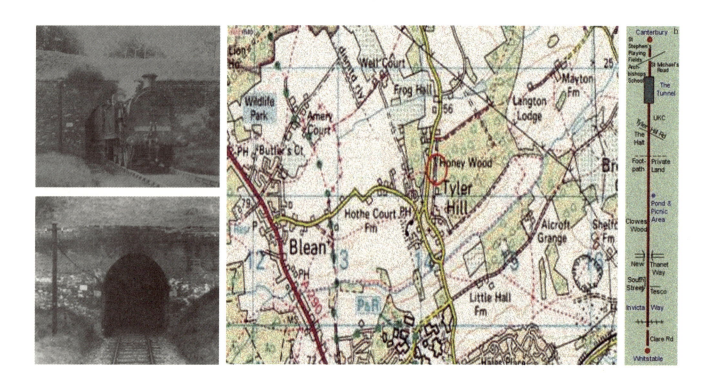

图4.14
图4.15
图4.16a
图4.16b

1830年5月3日泰勒山隧道随Canterbury和Whitstable铁路线一起正式向公众开放。由于隧道承担的运量有限，第一次世界大战后巴士的竞争导致一些问题，通往Whitstable的线路终于在1931年1月1日关闭了客运服务。货物运输持续了数年，但最后在1952年12月1日关闭，在这之后轨道被移除。隧道随Canterbury和Whitstable铁路线的1952年开始关闭和1953年的正式关闭而停用。1974年开始部分坍塌。1999年部分泰勒山隧道被改建成人行道和自行车道（图4.17）。

4.3.2 早期的英国火车隧道——边缘山隧道（Edge山隧道）

● 设计

边缘山隧道，又叫做边缘山切割，是三条隧道的总称，也是英国铁路隧道建设的一个独特的结构（图4.18）。边缘山切割有如下三条隧道：中间的一条是Wapping隧道（图4.19）；右边的一个是乔治·斯蒂芬森在1829年建造的皇冠街（皇冠街）隧道；左边一个当初建造是为了建筑上的对称，后来在1940年被开通作皇冠街隧道（表4.2）。

三条隧道中，乔治·斯蒂芬森在1829年建造的皇冠街隧道是最小的（从地面到隧道的拱形屋顶顶端），高5.15m、宽4.60m，是砖拱结构的隧道（图4.20）。

图4.17 1840年泰勒山隧道所在的英格兰铁路—东南铁路线。可以看到在Kent的铁路线，可以看到泰勒山隧道所在Canterbury到Whitstable铁路线的位置

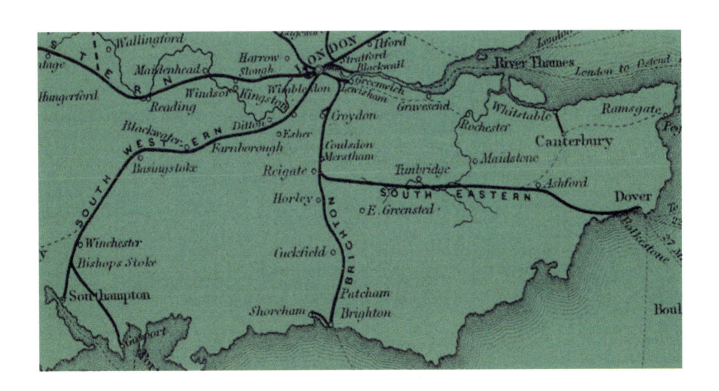

表4.2 边缘山隧道一览表

名称	位置	长度	高度	宽度	时间
Wapping隧道	中间	2030m	6.50m（Wapping隧道另一端高度是5.60m）	7.60m（Wapping隧道另一端宽度是7.05m）	1829年
1829年的皇冠街隧道	右边	—	5.15m	4.60m	1829年建造
1940年的皇冠街隧道	左边	—	—	—	1829年建造，1940年开通作皇冠街隧道

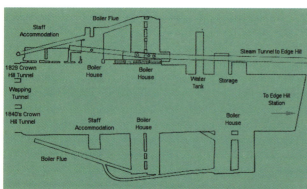

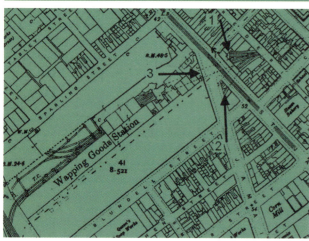

图4.18 边缘山隧道拟定计划图的平面图

图4.19 Wapping隧道在边缘山切割的平面图——Wapping隧道西头计划

图4.20 边缘山切割的立体结构图。S是乔治·斯蒂芬森在1829年建造的皇冠街隧道；ST是马厩的原始入口；BH1是边缘山1836年的石灰街（Lime街）发动机的锅炉房；RW是牵引货运机械装置的山石边缘；ES 是工程师的楼梯；MA是摩尔拱门的地基（现已被拆除）

三条隧道中，Wapping隧道是最大的，比其他两条隧道高1m。Wapping隧道进入边缘山切割处——Wapping隧道的南端出口——高6.50m，宽7.60m。Wapping隧道的另一端——Wapping隧道入口处——高5.60m，宽7.05m。Wapping隧道长度是2 030m（包括Wapping隧道的主干隧道和进入边缘山的一短段出口隧道）。

Wapping隧道是一个雄心勃勃的项目。Wapping隧道和皇冠街隧道一样，都是穿越坚硬的岩石的砖砌拱形隧道。Wapping隧道的大部分是干燥的，但接近西部的入口处有积水。

Wapping隧道，位于英格兰利物浦，是为了满足利物浦码头和曼彻斯特之间的货物运营服务而建立的，它是利物浦码头到曼彻斯特的铁路线计划的一部分。Wapping隧道从边缘山切割向下坡运行，在皇冠街车站货场附近，通向Wapping码头附近的公园巷货物站。Wapping隧道是双轨铁路隧道。

建造：

隧道是铁路线的一部分，是随铁路的修建一起建造的。

随着Stockton到Darlington铁路的成功，1826年乔治·斯蒂芬森开始建造一条新的连接北部纺织工业中心——曼彻斯特与港口利物浦的铁路线。利物浦终点站要在皇冠街，而曼彻斯特终点站将在Water街。

原提案为铁路从利物浦北部沿码头行驶，但实际证明这一路线对当地的土地所有者来说是非常不得人心的；并且，这条新线路，除了这条隧道之外，需要大量的工程。1∶48的梯度，对于当时的蒸汽机车过于陡峭，所以固定的静止的蒸汽机被安装在边缘山，作为摩尔拱（Moorish 拱门）的一部分，用同一条钢索把货车系在一起，从码头向边缘山拖拉，然后货车在那里被连接到机车，继续到曼彻斯特的旅程。

这条线路上的机车运行到边缘山为止，在那里机车将与带负载的旅客车厢分离，车厢将被缆索拖拉通过一段短隧道，蜿蜒到达皇冠街的旅客终点站，返回的旅客车厢在万有引力的作用下，跑下边缘山。货物交通在离利物浦码头很近的Wapping货站处理。从边缘山切割到达令人印象深刻的2 030m的隧道，铁路货车被缆索从Wapping拖拉上来，再在万有引力的作用下下坡。

乔治·斯蒂芬森选择了在边缘山切割的线路上建造了摩尔拱门（图4.21）。乔治·斯蒂芬森巧妙地利用这一拱门隐藏了两个固定的蒸汽机来为通向Wapping的斜坡提供动力牵引。

边缘山隧道花费的资金，这张报表（图4.22）显示了1830年3月31日结算的这项工程花费的合计金额。另外关于该铁路线的盈利情况，利物浦和曼彻斯特铁路很快证明了是金融上的巨大成功，1831年运载445 047名乘客，实现71 098英镑的利润；四年后的利润几乎翻了一番。

边缘山隧道——包括Wapping隧道在内的三条隧道在1830年开放。

隧道的码头方向的入口处可以清楚地从利物浦的国工码头街（Kings Dock街）看到。它从在西头的三条短的出口隧道越出——它是三条隧道的中间的一条。这三条隧道是公园巷和Upper Frederick街之间的一短段的开放式的切割。

边缘山入口仍是露天地敞开着，它是边缘山西头的三个拱门的中心。右手拱门使原来的1829年的隧道进入皇冠街车站，左手拱门成为以后（1840年）通向皇冠街位置的一条隧道，后者目前有轨道，并且在对应的位置有架空的电网，用来把火车调到另一条铁轨和用作货运机车环线。然而，在第三条隧道建造之前的原图表明，开端处已经存在一个入口，当初建造的时候纯粹是为了建筑上的对称。

隧道通风竖井是三个雄伟的红砖塔。一个在皇冠街和Smithdown巷之间的园林景观公园，一个在Blackburne广场，另一个离Grenville街南面很近。后来至少有两个通风井被拆除了，一个临近Great George街，另一个在Myrtle街附近（图4.23—图4.25）。

图4.21 边缘山切割之摩尔拱门
图4.22 隧道修建费用
图4.23 边缘山隧道的通风竖井，或称Wapping隧道竖井——Wapping隧道（铁路隧道）的砖砌通风竖井，位于利物浦的Blackburne广场
图4.24 边缘山隧道靠近石灰街的通风竖井
图4.25 Wapping 隧道的一个通风竖井的进气口

图4.21 | 图4.22
图4.23 | 图4.24 | 图4.25

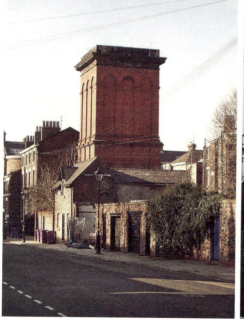

边缘山切割还有皇冠街隧道。由于其大小和距离城市中心的距离，皇冠街客运总站很快证明是不够用的，1836年8月15日该站关闭。1836年8月15日在Lime街开通了更接近市中心的新总站（图4.26—图4.31）。

图4.26 1930年边缘山切割，皇冠街隧道在右边
图4.27 Wapping隧道(左)和乔治·斯蒂芬森的皇冠街隧道(右)
图4.28 边缘山切割的南立面的两个锅炉房
图4.29 位于边缘山切割的南面的摩尔拱门的引擎的锅炉房的入口
图4.30 边缘山切割的北立面的工人住宿的地方
图4.31 在边缘山的北立面的工人住宿的地方的里面

| 图4.26 | 图4.27 | 图4.28 |
| 图4.29 | 图4.30 | 图4.31 |

4.3.3 日本青函隧道

1) 地理位置

青函隧道位于日本,是目前世界上建成的最长的海底隧道,它穿越津轻海峡连接本州岛的青森市和北海道岛的函馆市(图4.32—图4.45)。

2) 整体概况(表4.3)

表4.3 青函隧道概况

青函隧道	
位置	津轻海峡
开始	本州岛的青森
末端	北海道的函馆
通车时间	1988年3月13日正式投入营运通车
所有者	日本铁路建设、运输和技术局
管理者	北海道铁路公司
隧道长度	53.85km(海底23.33km)

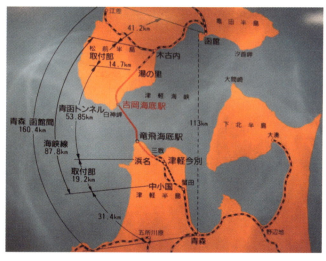

图4.32

图4.33

图4.32 青函隧道地理位置
图4.33 青函隧道三维图

图4.34 青函隧道剖面图1
图4.35 青函隧道剖面图2
图4.36 北海道侧剖面图
图4.37 青函隧道出入口
图4.38 青函隧道内部

| 世界地下交通 | 第4章 铁路隧道 | | 087 |

图4.34 | 图4.35
图4.36 | 图4.37a
图4.37b | 图4.38

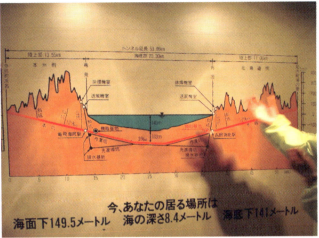
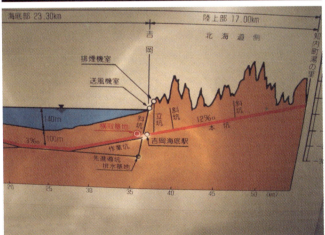

图4.39 青函隧道开通以前，火车从这里驶上八甲田丸，前往北方大陆
图4.40 青函海底注浆示意图
图4.41 掘进用的TBM

图4.42 纪念馆内的施工现场模型
图4.43 纪念馆内的施工现场模型
图4.44 纪念馆内的建筑材料
图4.45 纪念馆内的施工机械

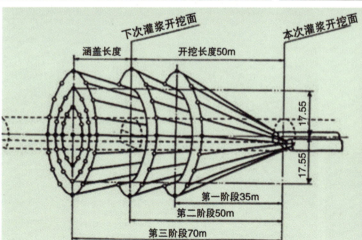

图4.42　图4.43
图4.44　图4.45

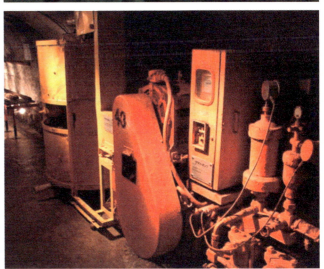

3) 青函隧道的建设（表4.4）

北海道地处北方，面积占全国总面积的20%，而人口仅占全国人口的5%，在人口稠密的日本，这是一块很有发展潜力的经济区。然而长久以来，本州的青森与北海道的函馆两地隔海相望，中间横着水深流急的津轻海峡。两地的旅客往返和货运，除了飞机以外，就只能靠海上轮渡。从青森到海峡对岸的函馆，海上航行要4.5h，到了台风季节，每年至少要中断海运80次。于是，人们迫切希望海峡两岸除飞机和轮渡之外，再能有更经济、更方便的交通把两岸联系起来。最先设想修建一条海底隧道沟通两地的，不是日本政府，而是一位年轻的铁路工程师粕谷逸男。1945年，粕谷逸男从军中退役归来，他立志为日本人民造福，他认为如能开凿一条从本州到北海道的海底隧道，就能把全国人民连结在一起。

1946年，他争取到一笔小额经费和国家运输省少数赞助者的支持，开始初步的勘探和取样，钻孔机钻至海床下90m的深度，取得了一些数据。但由于战后日本资金短缺，有许多更迫切的事要办，筑隧道之议便拖延下去了。1954年，津轻海峡渡轮"洞爷丸"在中途遇台风翻沉，溺毙1 155人，粕谷逸男那几乎被人遗忘了的筑隧道梦想，经此沉船惨剧后，重新引起了注意，但由于耗资巨大，此议又被搁置了若干年，直到1964年5月，青函隧道才正式破土动工。4年后，粕谷逸男因患癌症去世，但他梦寐以求的工程毕竟艰难地起步了。

除了旅客运输外，在隧道内还铺设有光缆、高压输电线、天然气管道和运输系统等民用设施，但日本七凿青函隧道，不只是方便民用，还有军事上的考虑。日本的北方四岛，二战后一直被前苏联（俄罗斯）占领。如何维护北海道的安全，一直是日本当局十分头痛的事。一旦有事，津轻海峡被封锁，北海道将成为孤岛。有了这条隧道后，在任何情况下日本都可保证本州和北海道交通畅通，军需品可源源不断运往北海道。以青函隧道这样具有综合各项功用之建设，也不难想象日本为何斥巨资和尽全力去建设了，而且这对北海道地区的经济发展有着极为重大的意义。

表4.4 青函隧道建设的历程

时间	事件
1939—1940	由桑原弥寿雄设计青函隧道的建设方案
1946	桑原、伊崎、佐佐等人领军开始实施地上调查
1953	开始用渔船进行海底地质调查
1960	潜水艇kurosio2号展开海底调查
1963	决定北海道侧的坑道挖掘处
1964-05-08	北海道侧吉冈的调查坑道开始动工
1966-03-21	开始挖掘飞龙坑道
1967-03-04	吉冈倾斜坑道挖掘到1 210m坑底处，探测坑道的挖掘工作也就此展开
1968-12	吉冈作业坑道开始动工
1970-01-17	龙飞倾斜坑道挖掘到1 315m坑底处，探测坑道的挖掘工作也就此展开
1970-07-13	飞龙作业坑道开始动工
1983-01-27	期待已久的探测坑道终于开通
1985-03-10	主要坑道全线开通
1987-10-21	青函隧道的首次电车试行
1988-03-13	青函隧道、吉冈、龙飞两海底站同时开始运营

4）青函隧道的防灾及维护管理

青函隧道位于本州端起13km处及41km处，并设有两座海底车站——龙飞海底站及吉冈海底站，平时为隧道安全之基地，若遇隧道内发生紧急状况时，可由这两处迅速将人员疏散以避免发生重大灾难。

海底复杂的地质断层和软岩构造，曾出现多次严重渗水事故，其中一次仅排水就用了150多天。为此，创造了防止隧道漏水等先进技术。为确保列车的准时、高速、安全运行，在函馆设指令中心，对列车的运行实施监控，还在隧道内建有两座避难车站和8个热感应点装有火灾探测器、自动喷水灭火装置、地震早期探测系统、漏水探测器等设备。一旦发生危险，列车可迅速就近驶入避难车站，乘客可通过两侧能收容上千人的避难所或倾斜坑道脱离险境（图4.46—图4.47）。

青函隧道维护管理：

建成后还需考虑海水渗透问题，因此必须装上抽水机，每天抽掉以万吨计的海水，工程团队也因有隧道漏水达150天之处理经验，创造了防止隧道漏水等先进技术（图4.48）。

图4.46a　图4.46b　图4.46 避难所
图4.47　图4.48　图4.47 台车（通过坐台车可以到达地面）
图4.48 抽水管道

4.3.4 英吉利海峡隧道

1）地理位置

英吉利海峡隧道（The Channel Tunnel），又称欧洲隧道（The Eurotunnel），位于西欧英吉利海峡，连接英国南部与法国北部，是世界第二长的海底隧道及世界第二长的铁路隧道（图4.49—图4.57）。

2）整体结构

英吉利海峡隧道全长50.450km，其中37.9km在海底，平均深度大约在海床下45m，最低点距海床75m，共有三个通道。其中两个是铁路隧道，用于通车，直径为7.6m；另一个是中央隧道，直径为4.8m，用于隧道维修和通风。

英吉利海峡隧道（The Channel Tunnel）也可称英法海底隧道，于1994年5月6日开通。它由三条长51km的平行隧洞组成，总长度为153km，其中海底段的隧洞长度为3km×38km，是目前世界上最长的海底隧道。两条铁路洞衬砌后的直径为7.6m，开挖洞径为8.36—8.78m；中间一条后勤服务洞衬砌后的直径为4.8m，开挖洞径为5.38—5.77m。

3）建设过程（表4.5）

该隧道于1987年12月1日开工，1990年12月1日贯通，1994年5月6日正式通车。英国女王伊丽莎白二世和法国总统弗朗索瓦·密特朗为其剪彩。

图4.49	图4.50
图4.52	图4.51

图4.49 英吉利海峡隧道位置
图4.50 整体结构图
图4.51 截面示意图
图4.52 剖面图

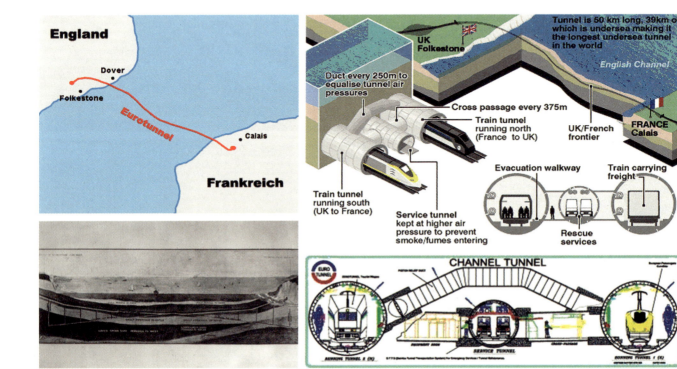

表4.5 英吉利海峡隧道建设历程

时间	事件
1875	英吉利海峡隧道有限责任公司（The Channel Tunnel Company）开始初步试验
1882	在英国一方，直径2.13m的Beumont-English 掘进机从莎士比亚悬崖（Shakespeare Cliff）挖了一个1 893m试点隧道；在法国一方，相同的机器在Sangatte挖掘了1 669m。
1988-06	第一条隧道在法国首先开始施工
1988-12	英国境内的隧道掘进机开始施工
1990-12	服务隧道贯通
1994-05	隧道正式开通
1994年中期	货运和客运列车开始运作
1996-11	隧道发生火灾，交通受到严重影响
2007-11	连接伦敦和该隧道的高速通道（High Speed 1）开通

图4.53 英吉利海峡隧道入口修建中
图4.54 英吉利海峡隧道入口
图4.55 英吉利海峡隧道隧道内部
图4.56 英吉利海峡隧道月台
图4.57 英吉利海峡隧道通风设施

图4.53	图4.55	
图4.54	图4.56	图4.57

4.3.5 早期英国主要铁路隧道

早期英国主要铁路隧道见表4.6：

表4.6 早期英国主要铁路隧道

地区	隧道名称	长度（m）	年代	备注
Bedfordshire	Ampthill 隧道	653.796	1859	—
	Old Warden 隧道	807	1853	砖砌
	Wymington 隧道	1691.64	1859	—
Cheshire	Prestbury 隧道	—	1845	砖砌
	Sutton 隧道	1724	1850年前	—
Cornwall	Brownqueen 隧道	96620.99	—	—
Derbyshire	Alfreton 隧道	768.096	1862	—
	Ashwood Dale 隧道	91.44	1863	—
	Barmoor Clough 隧道	101.4984	1863	—
	Burbage 隧道	—	1830	—
	Chee Tor 隧道 (1&2)	—	1863	—
	Clay Cross 隧道	1631	1837—1839	砖砌
	Cressbrook 隧道	—	1863	—
	Eaves 隧道	394.1064	1863	—
	Great Rocks 隧道	147.2184	1863	—
	Haddon 隧道	—	1863	—
	Headstone 隧道	—	1863	—
	Holt Lane 隧道	38.5	1849	—
	Hopton 隧道	—	1830	—
	Hindlow 隧道	—	1832	—
	Lea Wood 隧道	96.25	1849	—
	Litton 隧道	—	1863	—
	Milford 隧道	261.25	1839	—
	Newhaven 隧道	—	1830	—
	Pic Tor 隧道	58.36	1863	—
	Redhill 隧道	47/52	1839	—
	Rusher Cutting 隧道	—	1863	—
	Toadmoor 隧道	39.5	1839	—
	Whatstandwell 隧道	136	1849	—
	Willersley 隧道	233.78	1849	—
	Wingfield 隧道	79.87	1839	—
Glamorgan	Quaker's Yard, Abercynon	—	1840	内置有Taff Vale 铁路隧道。1857年被拆除
Kent	泰勒山隧道	253.37	1830	下面通行的干线位置在Kent大学。这条线路于1953年关闭，隧道的一部分在1974年7月倒塌
Kent	Higham 和Strood 隧道	1100	1845	1819—1824年Thames 和Medway 运河隧道被建。1845年一条单轨铁路隧道被放置在纤路（拖船路、拖车路）上，很快兼作填充的运河隧道。100码的气孔被切入隧道中部
Rutland	Manton 隧道	229.2	1846	—

4.3.6 早期其他国家的主要的铁路隧道一览表

早期其他国家的主要的铁路隧道见表4.7：

表4.7 早期其他国家的主要的铁路隧道列表

名称	时间	国家、地区	事件
Staple Bend隧道	1833-06	美国	Staple Bend隧道于1831年4月12日开工,于1833年6月完工,作为1834年开放的Allegheny Portage铁路的一部分。1857年停用。它是Allegheny Portage铁路的具有重大历史意义的一部分,也是美国第一条铁路隧道。长度为275m
Danville和Pottsville铁路的隧道	1833-12	美国	1831年12月开工。1833年12月,Danville和Pottsville铁路在Pennsylvania的隧道,它是美国第二条铁路隧道
Yorkville隧道	1837-10-26	美国	1837年10月26日,New York和Harlem铁路开通了Yorkville隧道。它是19世纪70年代被长期广泛使用的Park Avenue隧道,被所有的地铁通勤列车使用。这条古老的隧道包含两条中心轨道
Taft隧道	1837	美国	1837年Norwich和Worcester铁路在Connecticut州的Norwich北部的Lisbon开通了Taft隧道。Taft隧道是保持原样的仍在使用的最古老的美国铁路隧道
Howard隧道	1837	美国	1837年Howard隧道开通,该隧道位于Pennsylvania州的York县。Howard隧道是第二条仍在使用的保持原样的最古老的美国铁路隧道
Henryton隧道	1850	美国	1850年Henryton隧道开通,位于Baltimore和Ohio铁路线
Sorrento隧道	1854	爱尔兰	1854年7月10日开通Dalkey铁路上的一个隧道,在Dalkey南部,48.96m长
Upper Hauenstein隧道	1858	瑞士	Upper Hauenstein隧道是瑞士最古老的铁路隧道,据说建造于1853—1858年
Busch隧道	1838年左右	德国、比利时边境	Cologne-Aachen铁路高速铁路线是跨欧洲交通网络项目"高速线路Paris-Brussels-Cologne"的德国部分。这不是一个新落成的铁路线,而是一个项目——用以改善1841年开设的Rheinische Eisenbahn铁路公司开通的现有的铁路线。当它在1843年一直延续到比利时的时候,这条铁路成为世界上第一个国际铁路线。在Aachen和Belgian(比利时)边界的一个瓶颈部位是Busch隧道,它是德国仍在使用的最古老的铁路隧道,这条隧道的一部分可以追溯到1838年

结语：

乔治·斯蒂芬森及其负责修建的Stockton至Darlington铁路、泰勒山隧道、边缘山切割代表着铁路交通及地下陆路交通时代的到来,在早期铁路交通和地下陆路交通史上留下了浓重一笔。

火车和铁路的出现曾一度地带动了社会的发展,为世界各国的物质交流提供了便捷。Stockton至Darlington铁路的开通标志着铁路运输事业从此开始。随即在英国和美国掀起了一阵修筑铁路、建造机车的热潮。而斯蒂芬森继续作为这个革命性运输工具的发明者和倡导者,解决了火车铁路及隧道建筑、机车制造的许多问题,他还在国内和国外许多铁路工程中担任顾问。就这样,铁路及铁路隧道在各地很快发展起来,直到今天,仍发挥着重要交通作用。百余年来,铁路技术已有很大发展,经过1825—1850年的开创时期,铁路及铁路隧道迅速地兴起。1850—1900年这个时期铁路隧道开凿技术方面获得了新的发展,1872—1881年建成的圣哥达隧道,长15km,首次采用"上导坑先拱后墙法"施工。1900—1950年由于公路和航空等运输方式与铁路开展剧烈竞争,英、美等国部分铁路被拆,导致有些铁路隧道被废弃,但非洲和亚洲等地区却在大力发展铁路及铁路隧道。随着技术的进步,铁路隧道至今仍在不断发展之中。

地下铁路隧道开始是作为铁路穿越山体、河流等障碍物的附属工程,19世纪中期出现了把城市中的铁路几乎完全铺设在地下隧道中的作法,地铁时代来临了。

参考文献

[1] Aldcroft D.Urban Transport Problems in Historical perspective[R].Checkland,1982.
[2] Bagwell J.Coastal Shipping[J].Transport in Victorian Britain,1988(4):78-83.
[3] Fogel R.Railroads as an analogy to the space effort:some economic aspects[J].Economic Journal,1966(3):56-62.
[4] Gourvish T.Railways 1830—1870:The Formative Years[M].New York:Penguin Press,1997.
[5] Hawke G.Railways and Economic Growth in England and Wales 1840—1870[M].Cambridge:Cambridge University Press,1970.
[6] Kellett J.The Impact of Railways on Victorian Cities[M].Oxford:Oxford University Press,1969.
[7] Brien P.Railways and the Economic Development of Western Europe[M].Washington:National Academies Press,1983.
[8] Pawson E.Transport and the Economy:the turnpike roads of eighteenth-century[M].Britain:Brookings Institution Press,1977.
[9] Simmons J.The railway in town and country 1830—1914[J].Transport in Victorian Britain,1986(3):78-83
[10] Ville S.Transport and the development of the European economy,1750—1918[J].London Journal,1990(4):56-63.
[11] Day R.The Story of London's Underground[M].London:Capital Transport Publishin,1974.
[12] Field J.Place-Names of Greater London[M].London:Capital Transport Publishing,1980.
[13] Gillett T.The History of Willesden[M].London:Longmans

Press,1964.

[14] Wadsworth C.Beating the bounds:a walk around the Willesden Boundary[J].Willesden Local History Society,2000(4):78-82.

[15] http://www.wenwu.gov.cn/ShowArticle.aspx?ArticleID=1847.

[16] Reed R.Investment in Railways in Britain:1820—1844[M].Oxford:Oxford University Press,1975.

[17] William L.A Prolegomenon to the Forecasting of Transportation Development:Technical Report [R].Washington:Office of Technical Services,United States Department of Commerce,United States Army Aviation Material Labs,1962.

[18] http://www.esrcsocietytoday.ac.uk/ESRCInfoCentre/ViewAwardPage.aspx?AwardId=17.

[19] Baumol W.Many of these are reviewed in David Levinson and Bhanu Yerra self-organization of surface transportation networks[R].Chicago:Transportation Science,2006.

[20] Michael B. Fractal Cities: A Geometry of Form and Function[M].London：Academic Press, 1994.

[21] http://www.visionofbritain.org.uk/index.

[22] Dan B.Neighbors,networks,and the development of transport systems:explaining the diffusion of turnpike trusts in eighteenth-century England[J].Journal of Urban Economics,2007,61:238-262.

[23] Hoyle S.The first battle for London: a case study of the Royal Commission on metropolitan Termini[J].London Journal,1982,8:140-145.

[24] Jack S.The Railway in England and Wales 1830—1914[M].Leicester University Press,1978.

[25] Thorn J.Handbook to the Environs of London (1876)[M].Cambridge:MIT Press,1978.

[26] Alan A.Rails Through The Clay[M].London:Capital Transport Publishing,1993.

[27] White H.A regional history of the railways of Great Britain[R].Greater London,1963(3):56-62.

[28] Douglas R.London Underground Diagrammatic History[M].London:Capital Transport Publishing,1999.

[29] Borley H.Chronology of London railways[J].Railway and Canal Historical Society,1982.

[30] Dave W.Vice Chair of Transport for London,Personal Conversation[R].London:Commerce Clearing House,2006-11.

[31] http://www.cityoflondon.gov.uk.

[32] 王璇,束昱,候学渊.国内外地铁换乘枢纽站的发展趋势[J].地下空间,1998(12).

[33] 都市地下空间活用研究会.地下都市をデザイソする[M].东京:第一法规出版,2001.

[34] 董鉴泓.中国城市建设史[M]. 北京:中国建筑工业出版社,1989.

[35] 周于峙.发展我国大城市交通的研究[M].北京:中国建筑工业出版社,1999.

[36] 童林旭.地下建筑学[M].济南:山东科学技术出版社,1994.

[37] 佐藤寿延.关于大深度地下开发的技术与空间活用（内部参考文献），2001.

[38] 童林旭.地下空间概论[J]. 重庆:地下空间,2004(4).

[39] 徐永建,闫小培.城市地下空间利用的成功实例[J].城市问题,2000(6).

[40] 石晓冬.加拿大城市地下空间开发利用模式[J].北京规划建设,2001.

[41] 吕莉莉.加拿大蒙特利尔的城市地下空间开发利用[J].地下空间,1998.

[42] 冈田亨嗣.关于日本地下利用的状况[J].地下空间,2004.

[43] 古川公毅.东京的地下技术[M].东京:かんキ出版,2004.

[44] 陈立道,朱雪岩.城市地下空间规划理论与实践[M].上海:同济大学出版社,1997.

[45] 王璇,杨林德,束昱.城市道路地下空间的开发利用[J].地下空间,1994,14(1).

5 地铁

铁路隧道建设的成功使得建造地下铁路成为可能，而城市日益增长的交通需求使得建造地铁成为必须。世界上首条地下铁路是在1863年开通的伦敦大都会铁路（Metropolitan Railway），是为了解决当时伦敦的交通堵塞问题而建。随后其他路线也迅速跟进。这些早期的路线均使用需要顶部通风良好的蒸汽机车，所以隧道较浅。随后电力机车的使用使得新隧道可以比原本隧道建造得更深，同时也使用和进一步发展了盾构技术。第一条电力运行的深层隧道City和South London铁路（现在北线的一部分）于1890年建成。今天的伦敦地铁已发展成总长408km，地下长达160km，有12条路线、275个地铁站的地铁网。

本章从世界上第一条地下铁路讲起，描述了伦敦地铁12条线路的基本情况，然后简要描述了纽约地铁的建设过程，最后对世界城市地铁进行了概括。

5.1 概述

地铁系统分为地上铁路以及地下铁路两种。这里介绍的地铁主要是地下铁路。地下铁路，也称作地铁或地下铁，狭义上专指以在地面下运行为主的城内铁路系统或捷运系统。但广义上，由于许多此类的系统为了配合修筑的环境，可能也会有地面化的路段存在，因此通常涵盖了城市地区各种地底与地面上的高密度交通运输系统。国外根据各城市类似系统的发展起源与使用习惯之不同，常称为Metro, MRT, MTR, Overground, Railway, Rapid, REA, Subway, Tube或Underground。

在专业领域，"地铁"与"轻轨"的区分方式在于运量的不同，"轻轨"指每小时单向运输量小于20 000人的城市轨道交通系统，而"地铁"指每小时单向运输量大于20 000人的城市轨道交通系统。还有轨道型制的不同，相对于地铁，轻轨的轨道型制要小，所以俗称轻轨。

地铁施工的方法之一是"挖掘和覆盖"。这种方法一般是在街道上挖掘一条大坑，然后在下面铺设轨道、建造隧道结构，隧道有足够的承托力后才把路面重新铺上。除了道路被掘开，其他地下结构如电线、电话线、水管等都需要重新配置。建这种隧道的物料一般是混凝土或钢，但较旧的系统也有使用砖块和铁的。另一种方法是先在地面某处挖一个竖井，再在井底挖掘隧道。最常见的方法为使用钻挖机（潜盾机、盾构机），一面挖掘一面把预先准备好的组件安装在隧道壁上。

5.2 世界上第一条地铁

大都会铁路（Metropolitan Railway）是伦敦地铁最初的一部分，是世界上第一条市内载客地下铁路，该条铁路在Paddington（现在的Paddington站）和临时的Farringdon Street站（现在的Farringdon站西北）间运行。尽管在1854年就被批准的铁路计划由于财政等各种原因被一再推迟，但最终于1863年1月10日正式通车，开张当天即有4万名乘客搭乘该条线路，列车为每10分钟一班。它长约7.6km，隧道横断面高5.18m、宽8.69m，为单拱形砖砌结构。

大都会铁路的发起者Charles Pearson（1793年10月—1862年9月）是伦敦金融城律师。鉴于越来越拥挤的交通和郊区的快速发展，Charles Pearson出版了一本小册子，呼吁建造一条穿过Fleet河流域到Farringdon的地下铁路。虽然这一提案不了了之，但Charles Pearson在19世纪40年代和19世纪50年代继续为各种各样的铁路计划游说，包括为伦敦建造中央火车站游说(图5.1)。

1852年Charles Pearson帮助成立了City Terminus公司来建造铁路，但议会和伦敦金融城的公司都不愿提供经费。1853年1月公司举行第一次董事会议并任命John Fowler为工程师。1853年夏议会批准"North Metropolitan铁路"项目。

1854年Royal Commission（皇家委员会）成立，负责审查新的伦敦地铁项目。Charles Pearson 提出了一

图5.1 第一条地铁的发起者——英国人Charles Pearson

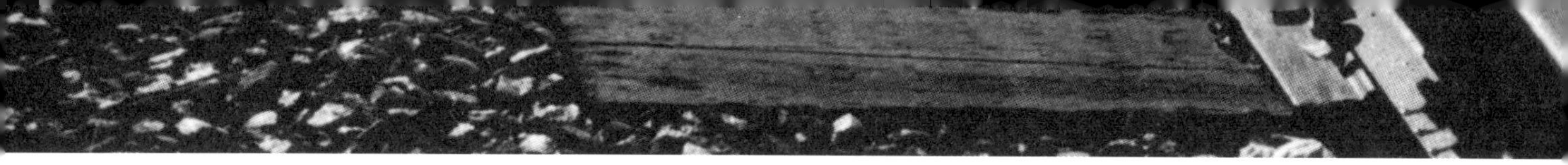

个把铁路连接到伦敦Termini的建议,并为进入伦敦交通的第一次调查提出证据,该证据展示了由轿车、出租车、公共汽车填满道路带来的高度的交通拥挤。许多拟定的计划被否决,但是Royal Commission(皇家委员会)建议建造铁路来连接总站与码头和邮政总局(General Post Office)。1854年,议会通过了在Paddington的Praed街(Paddington 站)和Farringdon街之间建造地下铁路——"Metropolitan铁路"的法案,"North Metropolitan铁路"被重命名为"Metropolitan铁路"("大都会铁路")。尽管不是新公司的董事和大股东,在此后的几年Charles Pearson继续推动这个项目,用他的影响力帮助该公司筹集建造地铁线的资金。他甚至用铁路将缓解城市拥堵问题说服了伦敦金融城为该项目投资。大西铁路(GWR)也为该项目提供了财政支持(图5.2)。

到1860年,资金已收集到,最终的路线也被决定下来。1860年2月地铁项目在首席工程师John Fowler的指导下开工。伦敦金融城的公司提供了部分资金。

John Fowler采用一个被称为"挖掘和覆盖"的方法——最简单的明挖法,工人挖开了道路,向下钻挖不超过6.09m(约10m宽、6m深)的大壕沟,两边砌上砖,加固沟壁,再搭成拱型的砖顶,然后将土回填,覆盖上顶部。成本高达100万英镑/1.67km。为了把蒸汽机车的浓烟排出,隧道还建有通风孔。

大都会铁路共有7个车站,于1862年底建成并完成试车,1863年1月10日正式开通。

图5.2 | 图5.3

图5.2 大都会铁路的施工场景
图5.3 大都会铁路线验收

图5.4 大都会地铁通过波特兰道站
图5.5 大都会地铁列车通过帕丁顿站

Charles Pearson 于1862年9月去世，并没有在活着的时候看到大都会铁路的开通，但他一生中的辛勤工作和坚持不懈是为了确保大都会铁路能够开建，为了感谢 Charles Pearson 为建造地铁所做的工作，公司提供给 Charles Pearson 的遗孀每年250英镑（£250）的年金（图5.3—图5.7）。

5.3 伦敦地铁线网

从1863年的第一条地铁开始，经过一百多年的发展，今天伦敦已建成总长408km的地铁网，其中160km在地下，地下部分主要位于伦敦市中心，在郊区则主要在地面运行，共有12条路线、275个车站，2004年至2005年度总载客人次为9.76亿。伦敦地铁并非24小时运行，这是由于每天夜里系统结束后轨道都需要进行检修。近年来由于使用量增长，周末的运营时间会稍微推迟（表5.1—表5.2）。

伦敦地铁在英语中常被昵称为 The Tube（管子），名称来源于车辆在像管道一样的圆形隧道里行驶。2003年开始，伦敦地铁成为伦敦运输公司（Transport for London, TfL）的一部分（图5.8—图5.11）。

对于一条地铁线路来说，起点站、终点站和路过站在逻辑上是等同的，而对于一个地铁线网来说，还要加上一个换乘站，因为这是各条线路能够形成一个网络的前提。下面就介绍伦敦地铁网络上一个有代表性的地铁换乘站——Oxford 广场地铁站（"Oxford Circus Tube Station"）（表5.3）。

图5.4

图5.5

图5.6 大都会地铁线路在1862年的伦敦地图上的位置
图5.7 保留在伦敦交通博物馆的大都会地铁线23号蒸汽机车
图5.8 伦敦日益增长的地下铁路

图5.6

图5.7 | 图5.8

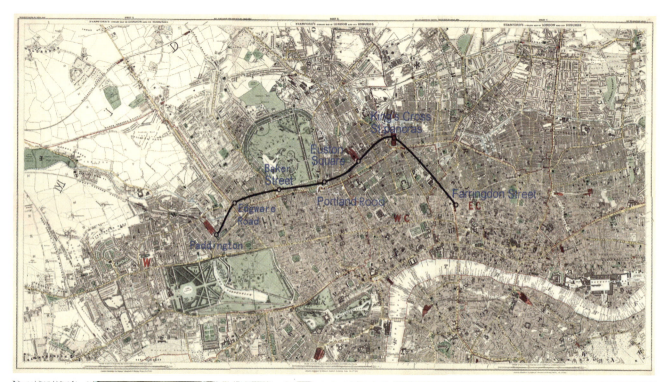

表5.1 伦敦地铁线网概况

项目	概况
运营地区	Greater London（大伦敦），Chiltern, Epping Forest, Three Rivers和Watford
服务种类	电气化都市轨道系统
交通类型	快速交通
线路数	12（包括东伦敦线在内是12条）
地铁站数	275个（268个服务站点在运作中，东伦敦线的车站于2007年关闭）
每日乘客量	平均高达267万人
开始运作	1863年
长度	408km
轨距标准	1435mm（4英尺8.5英寸）（标准轨距）
运营者	伦敦交通局

表5.2 伦敦地铁线网

路线名称	线路类型	全长(km)	车站	开通年份	第一部分开通	定名日期	开始营业	区域
贝克鲁线 Bakerloo Line	深层隧道	23.3	25（其中15个在地下）	1906	1906	1906	1906	5, 4, 3, 2, 1
中央线 Central Line	深层隧道	74	49（其中20个在地下）	1900	1856	1900	1900	6, 5, 4, 3, 2, 1, 2, 3, 4, 5, 6
环线 Circle Line	浅层隧道	22.5	27（在地下）	1884	1863	1949	1884	1
地方线 District Line	浅层隧道	64	60（25个在地下）	1868	1868	1868—1905	1868	4, 3, 2, 1, 2, 3, 4, 5, 6
东伦敦线 Fast London Line	浅层隧道	7.4	8（4个在地下）	1869	1869	1869	1869	2
汉默史密斯及城市线 Hammersmith & City Line	浅层隧道	26.5	28（其中14个在地下）	1863	1858	1988	1863	2, 1, 2, 3, 4
朱比里线（一译银禧线）Jubilee Line	深层隧道	36.2	27（其中13个在地下）	1979	1879	1979	1979	5, 4, 3, 2, 1, 2, 3
大都会线 Metropolitan Line	浅层隧道	66.7	34（其中9个在地下）	1863	1863	1863	1863	D, C, B, A, 6, 5, 4, 3, 2, 1
北线 Northern Line	深层隧道	58	50（其中36个在地下）	1890	1867	1937	1890	4, 3, 2, 1, 2, 3, 4, 5

续表5.2

路线名称	线路类型	全长(km)	车站	开通年份	第一部分开通	定名日期	开始营业	区域
皮卡底里线 Piccadilly Line	深层隧道	71	52(25个在地下)	1906	1869	1906	1906	6, 5, 4, 3, 2, 1, 2, 3, 4, 5
维多利亚线 Victoria Line	深层隧道	21	16	1969	1968	1968	1968	2, 1, 2, 3
滑铁卢及城市线 Waterloo & City Line	深层隧道	2.5	2	1898	1898	1898	1898	1

表5.3 Oxford 广场地铁站概况

项目	概况
名称	Oxford 广场地铁站
位置	Oxford广场
地方当局	Westminster
管理者	伦敦地铁
使用平台	6
交通区域	1
开通时间	1900年该站的Central线开通 1906年该站的Bakerloo线开通 1969年该站的Victoria线开通

世界地下交通 | 第5章 地铁

图5.9 伦敦地铁线路地理走向
图5.10 伦敦地铁线路图
图5.11 伦敦12条地铁线长度对比

图5.9
图5.10 | 图5.11

Oxford广场站是服务位于Regent街和 Oxford街的 Oxford广场的伦敦地铁的车站,在所有的4个相交的弯道处都有出口。它是伦敦地铁线网上最为繁忙的车站之一。

Oxford广场位于威斯敏斯特城的繁华街道摄政街和牛津街的交接处,就在牛津地铁站的上面,是个非常繁华热闹的区域。

平行于Bakerloo线站台的Victoria线站台的建筑提供Bakerloo 和Victoria线之间的跨平台换乘(图5.12—图5.16)。

| 图5.12 | 图5.13 |
| 图5.14 | 图5.15 | 图5.16 |

图5.12 Bakerloo线和Victoria线的跨平台换乘
图5.13 Victoria线开通后的Oxford广场地铁站换乘示意
图5.14 Oxford广场地铁站Central 线东平台(向西看)
图5.15 Oxford广场地铁站Bakerloo线南平台(向北看)
图5.16 Oxford广场地铁站Victoria 线南平台(向北看)

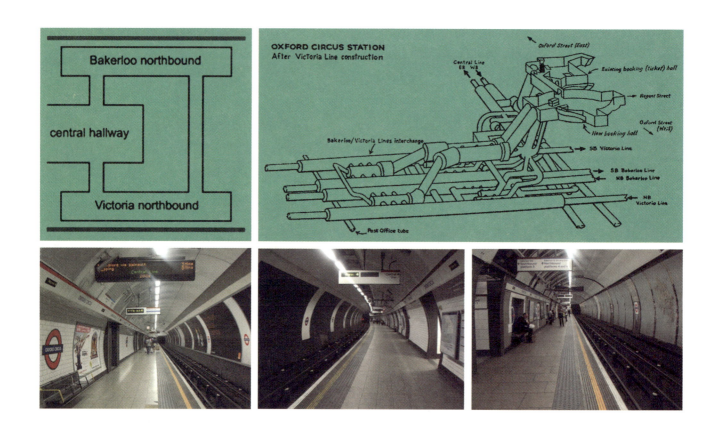

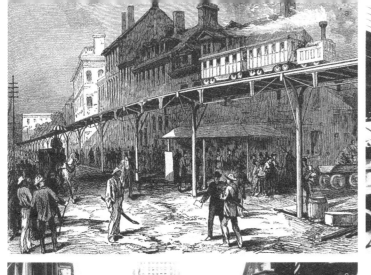

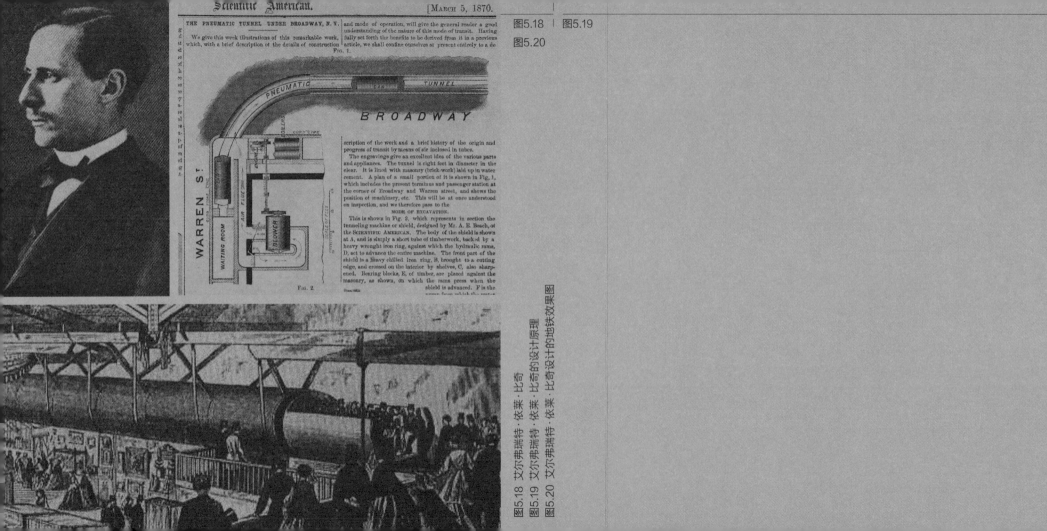

图5.18 艾尔弗瑞特·比奇
图5.19 艾尔弗瑞特·比奇的设计原理
图5.20 艾尔弗瑞特·比奇设计的地铁效果图

5.4 纽约地铁

5.4.1 建设背景（表5.4）

19世纪末的曼哈顿，已经遍布着错综复杂的高架铁路网（图5.17）。高架铁路的缺点日益明显，既过时、吵闹，又有碍市容，逐渐导致民怨。

纽约第一条现代意义上的地铁，于1904年10月通车。其实，早在1870年2月，纽约市民也曾乘坐过一条名副其实的地铁，从曼哈顿城市政府附近的华伦街到莫瑞街，全长约为95m。这条地铁是一位名叫艾尔弗瑞特·依莱·比奇（图5.18）的人的杰作。

艾尔弗瑞特·依莱·比奇先用木夹板做一个直径约1.8m的管道，又设计了一个可以运载10名乘客的列车，再用一架直径约3m的风扇来吹动。这股风就将轨道上的列车推动到木夹板管道的尽头，然后将风扇旋转的方向反过来，就像用麦管吸汽水一样将列车抽回到原点（图5.19—图5.20）。

| 图5.17a | 图5.17b | 图5.17a—图5.17d 曼哈顿的上空密密麻麻的高架铁路网 |
| 图5.17c | 图5.17d | |

表5.4 纽约地铁建设背景

时间	人物	事件
1865	—	人们普遍认识到现有的公共马车线路仅仅是城市公共交通系统的雏形，人们开始设想建设快速公交系统。然而几年来，快速系统还是一个单纯的梦想，并没有实际的计划提出
1868	Alfred E. Beach	根据纽约市中央地下公司的许可，Alfred E. Beach 在百老汇下开始建设一个长95m的试验性隧道，从Warren街到Park Place，1870年建成
1872	Commodore Vanderbilt	Commodore Vanderbilt组建纽约快速交通公司，计划兴建地铁，但最终放弃
1884	Abram S. Hewitt	纽约市长Abram S. Hewitt第一次提出的关于地铁市政所有权的议案未能通过
1890	Grant	4月9日，根据1875年通过的法令，Grant市长任命了第一个高速交通委员会的委员，他们是August Belmont, Orlando B. Potter, William Steinway, Woodbury Langdon, John H. Starin。委员会提出修建一条蒸汽机车的铁路线，从Brooklyn Bridge至Astor Place为地面高架桥铁路，再从Astor Place修地铁至42大街
1891	Grant	1月21日，参议院通过了一项新的快速交通法案，给予由市长Grant委任的委员会特许经营权，并委托他们设计地铁线路。5月27日该委员会宣布了在百老汇下从Battery到169大街修建地铁的计划

5.4.2 设计过程

1900年1月15日，纽约地铁进行了工程投标，John B. McDonald中标。但是他并没有足够的资金作担保，这时候，高速交通建筑公司的总裁August Belmont给他以资金帮助。2月21日，John B. McDonald与政府正式签约修建地铁（图5.21—图5.24）。

图5.21　纽约地铁的设计图
图5.22　纽约地铁的效果图
图5.23　纽约地铁通车时的路线图
图5.24　纽约地铁设计的平面图

第5章 地铁

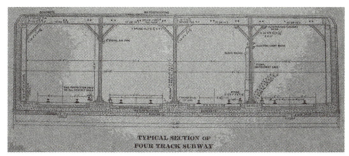

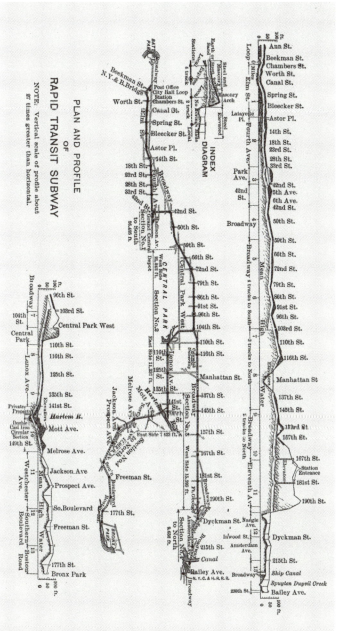

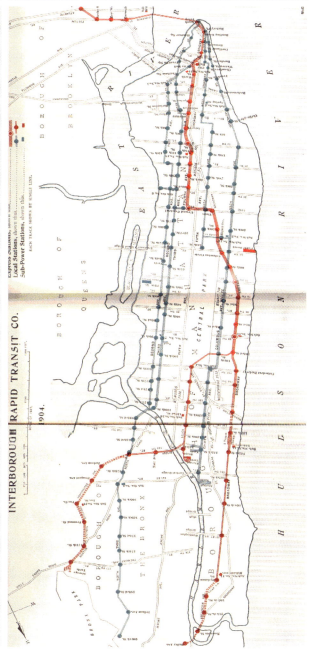

5.4.3 地铁建设过程

1900年3月24日,时任纽约市长的Van Wyck在市政厅前主持了地铁的开工仪式(图5.25—图5.27),标志着纽约正式开始修建地铁。

| 图5.25 | 图5.26 | 图5.27 |

图5.25 总工程师William Barclay Parsons
图5.26 中标者John B. McDonald
图5.27 高速交通建筑公司的总裁August Belmont

当时世界上建造地下铁路的方式有两种。一种是建造伦敦地铁采用的"隧道式",就是先挖深洞,再从地下钻隧道。这样市区地面交通就不会受到太多的干扰。另一种是建造布达佩斯地铁采用的"匈牙利式",也就是后来几乎所有城市都采用的"切填式"。这种方式是先挖一道又深又广的大沟,再照通常做法建造铁道,再用钢筋水泥架顶,然后填上泥土沙石,再铺上柏油或水泥,便宜、技术简单,而且比"英国式"快。纽约除了河底隧道,或地面已有高楼大厦等无法先切后填之外,市区地铁的建造几乎全部采用了这个"匈牙利式"(图5.28—图5.29)。

| 图5.28a | 图5.28b | 图5.28c | 图5.28 纽约地铁采用的"切填式"施工过程 |
| 图5.28d | 图5.29a | 图5.29b | 图5.29 纽约地铁采用的"隧道式"施工过程 |

5.4.4 建成通车

1904年10月27日,纽约第一条地铁线建成通车。也就是IRT的第一条南北干线,即从市政府在百老汇的起点站,经过曼哈顿这一边的布鲁克林大桥,北上至大中央火车站,左转到时报广场,再北上到百老汇和145街的临时终站。其全程14.645km,费时4年,动员了1万多名工人,大都是意大利的移民。

5.5 世界地铁总览

世界第一条地下铁道的诞生,为人口密集的大都市如何发展公共交通取得了宝贵的经验,特别是到1879年电力驱动机车的研究成功,使地下客运环境和服务条件得到了空前的改善,地铁建设显示出强大的生命力。从此以后,世界上一些著名的大都市相继建造地下铁道(表5.5,图5.30—图5.33)。

表5.5 开通地铁较早的城市

城市	所属国家	开通时间	长度 (km)	车站数	线路数
London	英国	1863-01-10	408.00	275	12
Budapest	匈牙利	1896-02-05	33.00	40	3
Glasgow	英国	1896-12-14	10.40	15	1
Boston	美国	1897-09-01	60.50	60	3
Paris	法国	1900-07-19	213.00	300	16
Wuppertal	德国	1901-03-01	13.30	20	1
Berlin	德国	1902-02-18	144.10	170	9
New York	美国	1904-10-27	368.00	422	27
Philadelphia	美国	1907-04-03	62.00	62	3
Hamburg	德国	1912-01-03	100.70	89	3
Buenos Aires	阿根廷	1913-12-01	46.00	66	6
Madrid	西班牙	1919-10-17	284.00	231	13
Barcelona	西班牙	1924-12-30	106.60	14	3
Sydney	澳大利亚	1926	22.06	275	12
Tokyo	日本	1927-12-30	304.50	205	13
Osaka	日本	1933-05-20	137.80	104	9
Moscow	俄罗斯	1935-05-26	292.90	141	12
Newark	美国	1935-05-15	2.20	4	1
Stockholm	瑞典	1950-01-10	105.70	100	3

续表5.5

城市	所属国家	开通时间	长度 (km)	车站数	线路数
Athens	希腊	1954	52.00	47	3
Toronto	加拿大	1954-04-30	71.30	69	4
Rome	意大利	1955-03-15	39.00	48	2
Saint	俄罗斯	1955-11-15	105.50	53	4
Nagoya	日本	1957-11-15	89.00	82	4
Haifa	以色列	1959	1.75	6	1
Lisbon	葡萄牙	1959-12-29	37.70	46	4
Kiev	乌克兰	1960-10-22	59.80	43	3
Milan	意大利	1964-11-01	74.60	84	3
Tbilisi	格鲁吉亚	1966-10-14	26.30	21	2
Oslo	挪威	1966-06-10	62.00	72	5
Stuttgart	德国	1966-11-01	24.00	17	2
Montreal	加拿大	1966-05-22	69.20	68	4
Essen	德国	1967-11-06	20.22	27	3
Baku	阿塞拜疆	1967-05-10	31.56	20	2
Rotterdam	荷兰	1968-04-10	47.00	37	2
Frankfurt	德国	1968-10-11	20.50	27	3
Cologne	德国	1968-02-10	45.00	51	15
Ludwigshafen	德国	1969-05-29	4.00	11	0
Mexico City	墨西哥	1969-09-05	201.70	147	11
Beijing	中国	1969-10-01	198.95	105	8
Kamakura	日本	1970-03-03	6.60	8	1
Bielefeld	德国	1971-10-19	5.20	7	4
Munich	德国	1971-12-16	92.50	94	6
Sapporo	日本	1971-09-21	48.00	46	3
Nuremberg	德国	1972-12-16	34.60	44	3
San Francisco	美国	1972-01-03	166.90	43	5
Yokohama	日本	1972-11-09	57.60	45	3

地铁被看作都市的动脉，是城市地下交通的重要组成部分。直到今天，地铁在地下陆路交通中仍然起着重要作用。

未来地铁正在向地铁自动化发展。例如，纽约大都会运输署计划要将大部分的纽约地铁都自动化。美国地铁自动化曾于1958年试用在42街接驳线，但一度被取消。计划重启后由西门子交通技术集团负责，计划导入一人行车系统（One Person Train Operation, OPTO）及通讯式列车控制系统（Communications-Based Train Control, CBTC），预计耗费20年。完成后可让成本降低、行车更安全。

图5.30
图5.33

图5.30　巴黎地铁线路图
图5.31　东京地铁线路图
图5.32　多伦多地铁的"廿"型布局
图5.33　世界城市地铁系统发展趋势

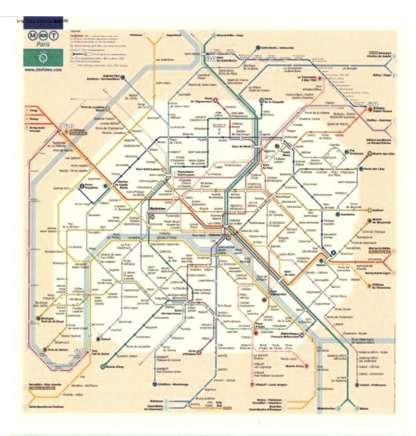

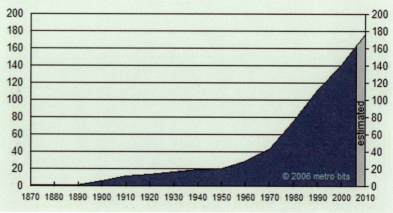

世界地下交通 | 第5章 地铁

图5.31

图5.32

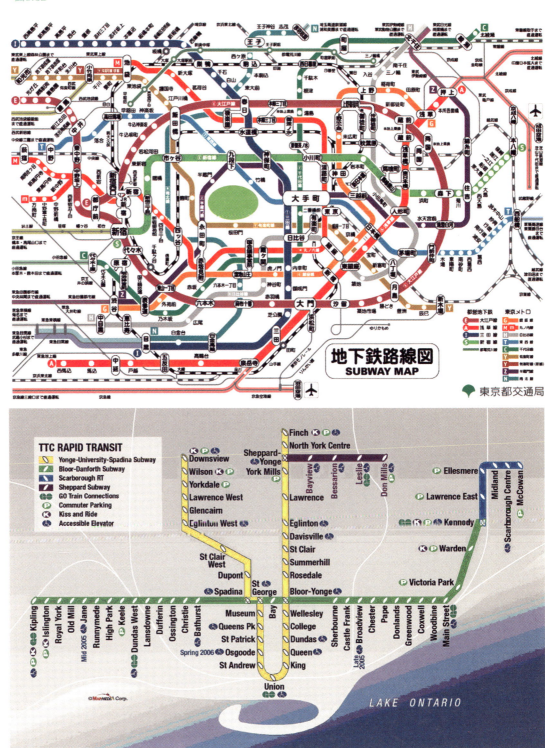

参考文献

[1] Roger B.World History:Patterns of Interaction[M]. Princeton:Princeton University Press,1997.
[2] http://www.wikipedia.org/wiki/British_Rail.
[3] Dale H.The Industrial Revolution[M].New York:Oxford UP,1992.
[4] http://www.mtholyoake.edu.
[5] http://www.wikipedia.org/wiki/Great_Western_Railway.
[6] http://www.spartacus.schoolnet.co.uk.
[7] http://www.mtholyoake.edu.
[8] http://www.wikipedia.org/wiki/Railtrack.
[9] Sitney P.The Cinematic Gaze of Joseph Cornell[M].New York:Museum of Modern Art,1980.
[10] Smith A.The new play:the coburns bring[J].The Bronx Express Uptown to the Astor,1922.
[11] Smith E.Rape and Revelation:The Descent to the Underworld in Modernism[M].Lanham:UP of America,1990.
[12] Sokel W. The Writer in Extremis: Expressionism in Twentieth-Century German Literature[M].Stanford:Stanford UP,1959.
[13] Solomon D.The Life and Work of Joseph Cornell[M].New York:he Noonday Press,1997.
[14] Spreizer C.The staging of technology in expressionist drama[J].A Companion to the Literature of German Expressionism,2005:255-283.
[15] Stepto R.From Behind the Veil:A Study of Afro-American Narrative[M].Urbana:University of Illinois Press,1979.
[16] Subway G.Theodore Norman[M].New York:Three Rivers Press,1912
[17] Richard P.The Bridge:A Description of Its Life[M]. Alabama:University of Alabama Press,1976.
[18] Sundquist E.To Wake the Nations:Race in the Making of American Literature[M].Cambridge: Belknap Press of Harvard UP,1993.
[19] Tallack D.New York Sights:Visualizing Old and New New York[M]. Oxford:Berg Publishers,2005.
[20] Alexiou S.Jane Jacobs:Urban Visionary [M]. Toronto:HarperCollins,2006.
[21] Chin A.Transport policy in Singapore-toward the world-class system[J].Transportation and Economy,1999:74-79.
[22] Shizuo I.Study of the Formation of Public Transport Systems in Large Cities in Developing Countries[D].[Doctoral Thesis].Tokyo：the University of Tokyo,December 1995.
[23] Hopewell.The Thailand Experience:1991—1998[R]. Thailand:Transport Cooperation Association,1998.
[24] The Wheel Extended:A Toyota Quarterly Review[R].Japan:the Commission for the Management of Road Traffic,1994.
[25] Baumol P.Options for sustaining mobility[J].Urban Transport,1999(10):78-83.
[26] Bok D.The survey of urban transport costs and fares in the SEATAC region[R].Japan:the Southeast Asian Agency for

Regional Transport and Development (SEATAC),1990.

[27] Dorsch C.A review of the public transport organization and operation in the BMR[R].London:The Commission for the Management of Road Traffic,1996

[28] Jacobs J.The Death and Life of Great American Cities [M]. New York:Random House,1961.

[29] http://www.srt.motc.go.th/httpEng/projectOfHopewellEng.html.

[30] Drucker B.Study report on sssisting private sector participation in transport infrastructure development[R]. Japan:Japan Transport Cooperation Association,1997.

[31] Takumi Y.Strategy to manage urban transport:from the example of Kobe[J].Transportation and Economy (Unyu to Keizai),1992:51-61.

[32] Shouzou T.Urban transport and public developer[J]. Transportation and Economy,1993:45-51.

[33] Shouzou T.Building of cities and development of transport facilities[J].Transportation and Economy (Unyu to Keizai),1992:39-47.

[34] 陈志龙,王玉北.城市地下空间规划[M].南京:东南大学出版社,2005.

[35] 李相然,等.城市地下工程实用技术[M].北京:中国建材工业出版社,2002.

[36] 忻尚杰,等.中国城市地下空间开发利用研究[M].北京:中国建筑工业出版社, 2001.

[37] 童林旭.地下建筑学[M].济南:山东科学技术出版社,1994.

[38] 陈立道,等.城市地下空间规划理论与实践[M].上海:同济大学出版社,1997.

[39] 钱七虎.迎接我国城市地下空间开发高潮[J].岩土工程学报,1998(1).

[40] 祚清.日本城市大规模、深层次、多功能的地下空间开发利用[J].地下空间,1998(2).

[41] 王梦恕.21世纪是隧道及地下空间大发展的年代[J].岩土工程,2000(6).

[42] 童林旭.日本的大深度地下空间利用动向[J].地下空间,1994（3）.

[43] 同济大学地下空间研究中心.国内外地下空间开发利用的历史、现状与趋势[J].同济大学学报,1991.

6 地下机动车道

除了地下铁路，地下陆路交通中另一种重要的交通方式就是地下公路——地下机动车道。对速度有一定要求的地下公路就是地下高速公路，而建造在城市中的地下机动车高速公路就是地下快速路。

随着城市规模的扩大，为减少表面的道路交通堵塞、噪音和污染，以及为避免高架路对城市地表社区的割裂和对土地的占用，并减少商业机构因地面施工带来的交通堵塞和搬迁而导致的税收损失，一些城市道路开始局部地下化，这时的地下机动车道大都是人车混行的。后来出于速度和安全等方面的考虑，出现了专供车行的地下快速路，从此，城市地下交通发展到了一个新的阶段。

Lincoln隧道作为Mid-Manhattan高速公路的一部分，原本是地下高速公路，并于1970年12月率先设置了公交专用道，但是现在由于取消了Mid-Manhattan高速公路，Lincoln隧道和它连接的公路已经不是高速公路了，已被降级为州际道路，演变为一条普通的地下机动车道。

跨世纪的美国波士顿中央干线/隧道工程，是城市地下快速路建设史上的一个典型，这不仅仅是由于其极其复杂的工程建设、跨世纪的施工时间，还由于其庞大的投资及其带来的多方效益。波士顿中央干线/隧道工程在地下快速路发展历史上具有重要地位，值得仔细研究。

在这一章里，我们首先介绍了各种机动车的发展简史，其次重点阐述了Lincoln隧道、挪威洛达尔隧道、中国终南山隧道，最后从1936年巴黎城市地下快速路网的构想开始，相继介绍美国波士顿地下快速路和新加坡地下快速路，最后对世界主要地下快速路列表说明。

6.1 机动车发展简史

本节主要介绍机动车的演变历史,根据功能与用途的不同,可以分为汽车、公共汽车、卡车、有轨电车、摩托车、出租车等,具体如表6.1—表6.6所示:

表6.1 汽车发展历程

时间	事件	时间	事件	时间	事件
1885	Karl Benz制造了第一辆有四个内燃机且由蒸汽驱动的三轮汽车	1886	Gottlieb Daimler和William Maybach制造了第一辆汽油驱动的四轮汽车	1894	Benz Velo成为世界上第一个生产的汽车
1901	Oldsmobile Curved Dash,成为第一批大规模生产的汽车	1902	Spyker成为第一辆六气缸、四轮的汽车	1904	Charles Rolls和Henry Royce合并形成劳斯莱斯
1906	劳斯莱斯的杰出作品诞生(Silver Ghost)	1908	Ford Model T问世	1922	美国第一辆经济型汽车(Austin Seven)诞生

续表6.1

时间	事件	时间	事件	时间	事件
1931	在德国，由DKW生产的前轮驱动，具有一定影响力的汽车问世	1934	铁雪龙汽车和克莱斯勒汽车问世	1936	菲亚特汽车公司生产的汽车（Topolino），在外形设计上有了巨大进步
1939	大众生产的经济型汽车（Beetle）问世	1941	Bantam Car Company为美军生产了第一辆四轮吉普	1948	Land Rover生产的四轮越野车和跑车 Cisitalia 202问世
1949	豪华轿车（Morris Minor and Citroen 2CV）问世	1955	菲亚特汽车 Fiat 500 和铁雪龙 Citroen DS 问世	1956	菲亚特多功能汽车（Fiat 600）问世
1957	早期的德国经济型汽车（Trabant）问世	1959	英国小型经济型汽车问世	1961	雷诺经济型汽车（Renault 4）和越野车（Jaguar E-Type）问世

续表6.1

时间	事件	时间	事件	时间	事件
1963	Jeep Wagoneer成为运动型多用途运载车	1964	雷诺（Renault 16）和保时捷跑车（Porsche 911）问世	1965	丰田汽车（Toyota Coroll）问世
1968	豪华轿车（NSU Ro80）问世	1970	四轮驱动的豪华轿车（Range Rover）问世	1973	三轮的汽车（Reliant Robin）和经济型汽车（Invacar P70）问世
1981	英国生产的跑车（Delorean）问世	1984	雷诺豪华汽车（Renault Espace）问世	1996	通用汽车（EV1）问世
1997	第一批大规模生产丰田混合电池（Toyota Prius）问世	1998	奔驰汽车（Mercedes Benz A-Class）问世	—	—

表6.2 公共汽车发展历程

时间	事件	时间	事件	时间	事件
1662	公共马车在巴黎问世	1829	George Shillibeer设计了公共马车（omnibus）	1882	无轨电车（Elektromote）在柏林问世
1900	法国Daimler设计出第一辆公共汽车	1901	Max Schiemann 成为第一个无轨电车乘客	1910	双层巴士问世
1927	Leyland设计了双层巴士	1927	Frank Fageol built设计了公共汽车（Twin Coach）	1939	MCW Built为伦敦设计了无轨电车
1949	第一辆底层的电汽车（Bristol Lodekka）问世	1954	GMC为美国灰狗汽车公司设计了豪华旅游列车	1956	电汽车（Leyland Atlantean）问世

续表6.2

时间	事件	时间	事件	时间	事件
1958	著名的伦敦巴士（Routemaster）开始生产	1972	单层公交车的安全有所提高	1972	校车问世
1975	Neoplan 设计出最大公共汽车，共144座位	1997	Mercedes-Benz设计了公共汽车	—	—

表6.3 卡车发展历程

时间	事件	时间	事件	时间	事件
1769	第一辆自动的、三轮蒸汽货车问世	1896	Thornycroft设计了蒸汽货车	1896	Daimler设计出第一辆内燃机卡车
1906	卡车（the Sentinel）开始生产	1908	第一辆消防车问世	1920	Scammell 生产出六轮卡车
1923	第一辆垃圾搜集卡车问世	1924	MAN设计的第一辆柴油机卡车问世	1929	Scammell 制造的最大的卡车（100t）问世
1933	Scammell制造的第一辆三轮卡车（the Mechanical Horse）问世	1935	第一辆电动送牛奶的卡车问世	1947	铁雪龙汽车生产的（H van）问世

续表6.3

时间	事件	时间	事件	时间	事件
1948	奔驰生产的通用卡车（Mercedes-Benz Unimog）问世	1948	Bantam Car Company为美军生产了第一辆四轮吉普车	1949	卡车（J type van）问世
1950	大众汽车生产出小型客车	1952	卡车（Bedford CA）问世	1959	Suzuki设计了商用车
1964	卡车（Ergomatic）诞生	1965	福特Ford Transit van 成立	1972	Leyland设计的卡车，生产直到2005年
1985	卡车（Kenworth T600A）问世	1991	雷车队Renault Magnum Tractor Unit成立	—	—

表6.4 有轨电车发展历程

时间	事件	时间	事件	时间	事件
1828	第一辆马拉的有轨车在美国巴尔的魔(Baltimore)问世	1852	Alphonse Loubat发明有槽导轨,取代以前的突轨	1879	Siemens在柏林展示了电车轨道
1881	第一辆有轨电车在柏林问世	1901	第一辆有轨电车在伦敦出现	1933	第一辆新型的电车在英国黑泽出现(Blackpool)
1953	美国伯明翰(Birmingham)展示了最后一辆有轨电车 	1992	英国曼砌斯特(Manchester)开始运行第二代有轨电车	2004	英国诺丁汉(Nottingham)开始使用电车(Bombardier Incentro Trams) 

表6.5 摩托车的发展历程

时间	事件	时间	事件	时间	事件
1885	Daimler制造了第一辆摩托车，它具有内置的内燃机	1894	Hildebrand and Wolfmuller制造的摩托车，很受欢迎	1903	成立公司（Harley Davidson Company）
1905	全英国第一辆摩托车问世，并开始生产	1919	具有传奇色彩的摩托车（Brough）问世	1946	第一辆由Piaggio生产的摩托车（Vespa）问世
1969	本田第一次大规模生产具有四缸的摩托车（CB750）	1992	德国宝马生产的摩托车（C1）问世	—	—

表6.6 出租车发展历程

时间	事件	时间	事件	时间	事件
1620	在伦敦,上校Bailey制造了四轮出租马车(hackney)	1834	Joseph Hansom的专利得到改进,两轮马车(cabs)出现	1896	第一辆汽油驱动的奔驰车在德国斯图加特出现
1897	第一辆出租车在伦敦出现	1910	在伦敦,电动出租车第一次超过马拉出租车,其中数量比值为6397∶4272	1919	Beardmore在伦敦制造出租车
1939	在伦敦,出租车可以用于战争,主要是用于消防	1948	Austin FX3已经拥有后备箱以及完整的车盖	1958	Austin FX4诞生
1959	美国具有图标的出租车(A9)诞生	1987	出租车(MCW Metrocab)诞生,它一次可以载客4人	1997	在伦敦国际出租车(TX1)问世
				2001	出租车(LTI TX2)诞生

6.2 美国Lincoln隧道

Lincoln隧道是世界上最繁忙的公路隧道。Lincoln隧道长2.4km，穿过Hudson河下方，连接New Jersey州的Weehawken县和纽约市Manhattan区。

Lincoln隧道由Ole Singstad设计，经费最初来自罗斯福新政计划，由新政的公共建设工程管理部门拨款。

该隧道的计划于1930年首次宣布，当时港口管理局提出了一项预计6 200万美元、在西38街和Weehawken之间的Hudson河底建立双管隧道的计划。1933年Robert Moses被任命为纽约州紧急公共建设工程委员会的委员长，当时是在纽约州州长Lehman的管辖下。在与华盛顿的联邦"复兴银行公司"协商之后，Robert Moses获得了为建造隧道所提供的专款。最初的设计是建设两条管道隧道（两条管道建成后，又设计了第三条管道）。Lincoln隧道在1934年开工。

第一条管道（中管）：最初的Lincoln隧道工程包括建立两个管道，建造的第一个管道在1934年动工。第一个管道是一条主要的管道，是Lincoln隧道的中心管（位于三条管道的中间）。

1937年12月，第一条管道开放通车，其建设成本为7 500万美元。当时的通车费用为每辆小客车收费0.50美元。第一个通过Lincoln隧道的人是一位来自曼哈顿的销售业务员（推销员），名叫Omeron C. Catan，他第一个驾驶着轿车通过了隧道。为了争取第一个通过Lincoln隧道，他在隧道前等待了30个小时。

不同于Holland隧道，Lincoln隧道原来是一个单管通道，只允许在每一个方向上有一个交通的车道。在第一年的运作中，使用这条新隧道的车低于180万辆，这促使港务局设想两辆或三辆车同时通过隧道。

第二条管道（北管）：最初的设计为两管的设计，虽然第二管道的工程在1938年暂停，但是随即在1941年重新复工，然而在兴建时，由于战争（第二次世界大战），金属材料短缺，所以隧道工程延后了两年才完工，第二管隧道的最后总成本为8 000万美元。在1945年2月1日通车的那一天，Omeron C. Catan的兄弟Michael Catan被选为第一个带领众人走过隧道的人。

第二管道在北边，是Lincoln隧道的"北管"。它提供东行和西行交通的双车道（即第二管道是双车道）。

第三条管道被提议：第三管隧道是由港务局提议的。通过隧道的车辆在二战后持续增加。港务局考虑过建立一个从New Jersey州到纽约的新的隧道（经过对林肯隧道的交通流进行理论建模与分析后，发现对现有交通控制和管理措施进行适当调整，使得交通流处于高流量状态，可以提高通行能力的20%并满足交通需求，从而避免了一条新隧道的修建，节省了大量资源），但是港务局决定建立Lincoln隧道的第三个管道代替这个方案，通过它，港务局可以控制交通流量（使两个附加的车道在一个方向，使一条车道专供巴士使用，等等）。由于增加的交通需求，港务局提议建造第三管隧道，但起初纽约政府强烈反对。纽约政府试图让港务局为公路改善分担费用，好使纽约政府能够处理因隧道开通增加的额外交通车流量。最终一个折衷的办法出笼，双方才作出妥协。

第三条管道（南管）的建造：第三个隧道在1951年决定开建，1957年完成。他们还增加了入口通道公路和"周边停车区"。Lincoln隧道有Lincoln隧道高速公路。这条四车道高速公路连接着在Manhattan的一方Lincoln隧道的所有三个管道。

Lincoln隧道在New Jersey州的入口连接着New Jersey州495路。而New Jersey州495路这条公路连接着New Jersey州US 1路和9路，3路和New Jersey州付费公路。

Lincoln隧道的所有3个通道在纽约的出口，在Manhattan的 Dyer 大街连接着Lincoln 隧道高速公路。而Lincoln 隧道高速公路连接着Lincoln 隧道和从西第42街南部到西第30街的当地城市街道(表6.7)。

表6.7 Lincoln隧道一览表

隧道名称	美国Lincoln隧道		
地点	在美国New Jersey州（新泽西州，在美国大西洋沿岸）的Weehawken县与纽约市Manhattan中心区（曼哈顿中城）之间		
工程	第一次工程		第二次工程
提议方	港口管理局提出了建立隧道的计划		第三管隧道是由港口管理局(或称"港务局")提议的
批准方	经纽约和 New Jersey 州认可		纽约州认可
计划	隧道的计划在1930年首次宣布，当时港口管理局提出了一项预计6 200万美元、在西38街和Weehawken之间的Hudson河底建立双管隧道计划。最初的设计为两管道的设计		通过隧道的车辆在二战后持续增加。港务局决定建立Lincoln隧道的第三个管道，通过它，港务局可以控制交通流量（使两个附加的车道在一个方向，使一条车道专供巴士使用，等等）。 由于增加的交通需求，港务局提议建造第三管隧道，但起初纽约市（政府）强烈反对。纽约市试图让港务局为公路改善分担费用。最终一个折衷的办法出笼，双方作出妥协。 除了计划建造第三管道，还计划在隧道入口增建入口通道公路和"周边停车区"
资金来源	经费来自罗斯福新政计划，由新政的公共建设工程管理部门拨款。		港务局与纽约市（政府）双方意见达成一致，经费由双方共同承担
建造者			
设计者	Ole Singstad		
总工程师	Othmar Ammann是港口管理局总工程师，管辖这个项目		
咨询	Ole Singstad为项目提供咨询		
承建方	纽约和 New Jersey 州认可纽约港口管理局（Port of New York Authority）(1972年更名为纽约和New Jersey州港口管理局，或称"港务局")建造"Midtown Hudson 隧道"		
隧道管理归属	纽约港口管理局（Port of New York Authority）(1972年更名为纽约和New Jersey州港口管理局，或称"港务局")获得了"Lincoln 隧道"的控制权 它是一个两州共有、自给自足的公共事务代理机构，自营自治，财政自主。它不能从州和地方政府手中获得任何补贴，也没有征税的权利		
按顺序命名	Lincoln隧道第一个管道	Lincoln隧道第二个管道	Lincoln隧道第三个管道

续表6.7

按方位命名	Lincoln隧道中管	Lincoln隧道北管	Lincoln隧道南管
需求	交通的增加	在中管第一年的运作中,使用这条新隧道的车低于180万辆,这促使港务局设想两辆或三辆车同时通过隧道	通过隧道的车辆在二战后持续增加
工艺			
长度	中管道:2 504m	北管道:2 280m	南管道:2 440m
路面宽度	6.55m		
隧道外直径	隧道外直径9.44m		
净空高度	3.96m(高)		
下水深度	最高水位到(隧道底)路面的深度是29.55m		
隧道结构	钢筋混凝土		
建造过程			
开工时间	1934年开工,旗号为"建设一个新的'哈德逊城隧道'",该隧道后来称为Lincoln隧道。最初的设计是两个管,即第一次工程是两条管,包括第一条管(中管)和第二条管(北管)		第三个隧道在1951年决定开建
建造情况	建造隧道对进入地下工作的人是危险的。每次工作人员都必须进入一个空气闸,直到他们到达正在施工的部位。在那里他们只能在压力变得过大之前工作短暂的一段时间。安全是隧道建造的优先考虑到事情,把重点放在安全上打破了第一个主要的隧道项目的完成无一人死亡的纪录		
建造技术	Lincoln隧道采用挤压推进的闭胸盾构施工。在塑性粘土及淤泥中采用,盾构正面用胸板密闭起来		
建筑材料	Trinidad湖沥青(TLA)、钢筋混凝土、水泥、瓷砖等		
开通时间	第一条管道在1937年12月开放通车。第一个通过Lincoln隧道的人是一位来自曼哈顿的销售业务员(推销员),名叫Omeron C. Catan	第二条管道在1945年2月1日通车。在1945年2月1日通车的那一天,Omeron C. Catan的兄弟Michael Catan被选为第一个带领众人走过隧道的人	第三个隧道于1957年完成

续表6.7

车道与行车方向			
最初的情况	不同于Holland隧道，Lincoln隧道原来是一个单管通道，只允许在每一个方向上有一个交通的车道。第一管道在开通不久的时候是2个车道的逆向行驶的车道	第二管道提供东行和西行交通的双车道（即第二管道是双车道）	双车道
隧道整体建成后	6车道 车道与行车方向灵活处理，采取变化的流量模式，以减少交通拥塞 Lincoln隧道上午的车流——北管2个车道西行向New Jersey，中管2个车道、南管2个车道东行向纽约 Lincoln隧道下午的车流——北管2个车道、中管2个车道西行向New Jersey，南管2个车道东行向纽约 （行车方向是不固定的，可以随时调整的）		
车道限制措施	2001年9月11日世界贸易中心的恐怖袭击事件后，港务局和纽约市运输部（NYCDOT）在Lincoln隧道实行HOV（优先车道）限制。Manhattan范围HOV限制是在周一至周五的上午6:00至上午10:00，该限制在2002年4月取消。 2003年11月，港务局制定了新的限制，限制西行车辆进入隧道，以减轻附近的城市街道在傍晚交通高峰时间的拥挤。在周一至周五的下午16:00点至下午19:00时进入隧道的驾驶员，现在必须使由西30街、西31街和西36街处的入口，进入Lincoln隧道的高速公路。西第39街和西41街处的入口在晚上交通高峰期间关闭		

金融效益			
建造成本	第一条管道：7 500万元	第二条管道：8 000万美元	第三条管道：8 500万美元

续表6.7

附属设施成本		四车道Lincoln隧道高速公路成本：1 000万美元。 2004年底港务局完成了两个入口的项目——在New Jersey的Weehawken入口重建Lincoln隧道收费广场，在Manhattan重建通往港务局公共汽车终端的斜坡道，这两个项目总成本是5 000万美元。 到2007年12月31日为止，PA（私人助理）投资86 609.6万美元
成本回收情况	收费情况	第一条管道在1937年12月通车后当时的收费是每辆小客车收费0.50美元。 现在的通行费：E-ZPass（一种电子通行费收费系统） 非繁忙时段是6美元（高峰时段是8美元）（东行单向收费）。不同规格的车辆收费不同。 通过Lincoln隧道进入纽约都要收费。纽约为了控制车流，采取单向收费，也就是凡是进入纽约就收费，但是离开纽约是免费的
	车流量	在第一条管道第一年的运作中，使用这条新隧道的车低于180万辆，年平均日交通流量120 800辆。 2007年交通量：东行交通总量为21 842 000辆。交通总流量双向为43 684 000辆
	收费方	纽约和New Jersey州港口管理局
	收费方式	为减少在收费站停留的时间，主要通过一种电子通行费收费系统——E-Zpass收取，少数未使用E-Zpass的车辆通过收费站收取。 E-Zpass系统是指将一个盒子样式的电子设备安装到汽车车窗后视镜左右的位置，在汽车到达收费处时，收费口的设备自动扫描车里的电子设备并计费后，将账单邮寄给驾车人。现在使用纽约和New Jersey州港口管理局隧道的司机中，70%的人已经使用了该系统
	成本回收方式	收回成本的方式不仅限于隧道交通费，纽约和New Jersey州港口管理局主要收入来源于港务局设施的使用费，例如桥梁和隧道通过费、办公室租金和对机场、码头设施的使用收费，以及向社会提供咨询服务和零售商销售所得收入等

续表6.7

连接道路		
	在New Jersey 州方向连接的道路	Lincoln隧道在New Jersey州的入口连接着New Jersey州495路，组成New Jersey州495路的一部分，而New Jersey州495路这条公路连接着New Jersey州US 1路和9路，3路和New Jersey州付费公路
	在Manhattan的方向连接的道路	Lincoln 隧道的所有3个通道在纽约的出口，在Manhattan的 Dyer 大街连接着Lincoln 隧道高速公路，而Lincoln 隧道高速公路连接着从西第42街南部到西第30街的当地城市街道。 Lincoln隧道高速公路融入Mid-Manhattan 高速公路（中曼哈顿高速公路），通往Queens-Midtown隧道的一个跨区交通路线。Mid-Manhattan高速公路被指定为"I-495"线路，后来在1971年被取消。在又一个18年里，I-495是一个穿过Manhattan的不连贯的路线。在1989年，1-495被指定为Lincoln隧道
交通负载量		在高峰期，那些隧道的负载量仅为每小时双行道2000辆车（按现在的标准是非常低的数字）
功能作用		该隧道的三个管道提供了交通处理的重要的灵活性。它有能力把6车道改成同一方向的4车道，或者3车道——在每一个方向把中心管道转变成两路运作。 在平日（除了周日和周六的任何一天）早上高峰时间（6点和10点之间）港务局运转一条4.2km独家的公交专用车道（XBL）。利用XBL，通勤客车获得直接到隧道的路线，以避免交通高峰时间，减少了行程时间。 XBL是三个西行车道，在必要的时候转换为东行车道。XBL在New Jersey州的495路通常的西行车道的一条从New Jersey付费公路通到Lincoln隧道。这大大降低了通勤客车行车时间。 连接Lincoln隧道和港务局公交车终端的直接的斜坡路（即高架路）有利于处理通勤客车和减少围绕终端的在Manhattan附近的街道的交通挤塞。坡道还为汽车进入三个水平屋顶停车场提供直接通道
安全和安保		港务局保障安全设施，港务局为增强安全保障设置专门资本财力，在全国范围内的所有机构（处、部门）采取同样的安全措施，并不断更新
是否是高速公路		
	过去	Lincoln隧道原本是地下高速公路，成为Mid-Manhattan 高速公路的一部分，并于1970年12月率先实施了公交专用道
	现在	现在由于取消了Mid-Manhattan 高速公路，NYDOT（"纽约交通运输部门"）和NJDOT（"New Jersey交通运输部门"）把Lincoln隧道、Queens-Midtown隧道和连接New Jersey州的3路的高速公路降级为州际道路。在New Jersey州，这条高速公路正式降为New Jersey州495路

以下是Lincoln隧道的平面图、剖面图、截面图和施工过程图（图6.1—图6.19）：

图6.1　1950年Lincoln隧道剖面图（左下）、平面图（上）和截面图（右下）

图6.2　Lincoln隧道剖面图（示意图）

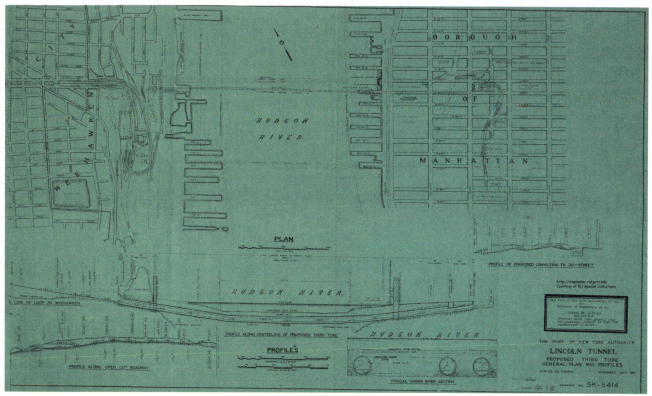

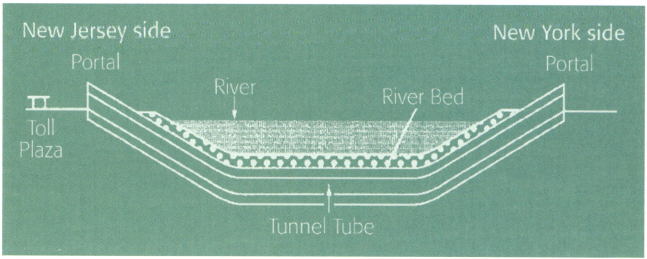

图6.3 Lincoln隧道平面图
图6.4 Lincoln隧道所在位置图——卫星照片

图6.5a ｜ 图6.5b　　　　　图6.5 Lincoln隧道的建造过程
图6.5c

图6.6 Lincoln隧道建造过程中,接近完工时的照片
图6.7 1935年Lincoln隧道附近的人群
图6.8 1937年Lincoln隧道开通不久后的中管(第一条管道)
图6.9 1955年Lincoln隧道New Jersey一边的卫星照片,南管(第三条管道)正在施工

| 图6.6 | 图6.7 |
| 图6.8 | 图6.9 |

图6.10 目前Lincoln 隧道New Jersey 入口的卫星照片
图6.11 Lincoln 隧道New Jersey 入口的照片
图6.12 Lincoln 隧道Manhattan入口
图6.13 即将离开Lincoln隧道进入Manhattan

图6.14 Lincoln 隧道在New Jersey州入口的照片
图6.15 Lincoln 隧道在New Jersey州的电子收费口，透过它可以看到前面的隧道入口（使用E-Zpass的汽车到达收费处时，收费口的设备自动扫描车里的电子设备并计费后，将账单邮寄给驾车人，先通行后付款，节省在收费处停留的时间，减轻交通拥挤）
图6.16 Lincoln 隧道前的交通标识

图6.14　图6.15
图6.16

图6.17 Lincoln 隧道在New Jersey的通风涡轮机

图6.18 Lincoln隧道上午的车流——北管2个车道西行向New Jersey, 中管2个车道、南管2个车道东行向纽约

图6.19 Lincoln隧道下午的车流——北管2个车道、中管2个车道西行向New Jersey, 南管2个车道东行向纽约

6.3 挪威洛达尔隧道

洛达尔公路隧道（图6.20—图6.24）位于挪威洛达尔和艾于兰之间，全长24.51km，它是目前世界上最长的公路隧道。

1995年3月开始动工兴建，2000年11月27日正式通车，整个工程项目共耗资约1亿美元。

过去来往于奥斯陆和卑尔根的车辆不仅要在洛达尔乘3个小时的轮渡穿越松恩峡湾，而且还要在洛达尔和艾于兰之间翻越很长一段地势非常险峻的山路，并且在冬季冰冻时期禁止通行。洛达尔隧道通车后，奥斯陆与卑尔根之间的行车时间将从以往的14个小时缩短至7个小时，车辆在冬季照常通行无阻。

根据设计，洛达尔隧道每小时通过车辆的能力为400辆。但由于挪威人口较少，这条隧道每昼夜通过的轿车将仅为1 000辆。

在Laerdal隧道通风系统中采用新鲜空气从两洞口吸入，废气则从斜井排出，同时设置了处理烟尘和NO_2的空气净化装置。净化装置设于与主洞平行的旁侧隧道中，并距入口约10km。

图6.20

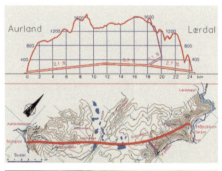
图6.21

图6.22

图6.23a

图6.23b

图6.24

图6.20 挪威国王哈拉尔五世为隧道正式通车剪了彩
图6.21 洛达尔隧道平面示意图
图6.22 第一批通过洛达尔隧道的游客
图6.23 洛达尔隧道内部
图6.24 洛达尔隧道通风装置

6.4 中国终南山隧道

终南山位于我国内蒙古阿荣旗至广西北海国道上西安至柞水段,在青岔至营盘间穿越秦岭。

其隧道全长18.02km,上下行双洞双车道设计,车速度每小时60—80km,隧道横断面高5m、宽10.5m,双车道各宽3.75m。上、下行线两条隧道间每750m设紧急停车带一处,停车带有效长度30m,全长40m;每500m设行车横通道一处,横通道净宽4.5m,净高5.97m;每250m设人行横通道一处,断面净宽2m,净高2.5m(图6.25—图6.38)。

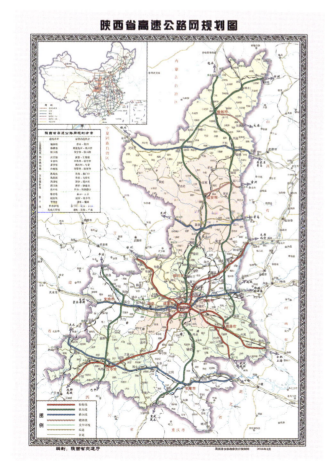

图6.25 终南山隧道地理位置

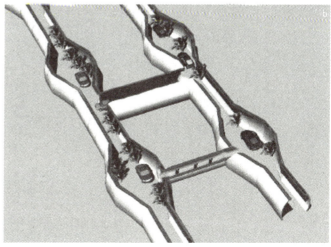

图6.26 终南山隧道效果构造示意图

图6.27 隧道内部设计：隧道建筑限界净高5m，净宽10.50m。其中行车道宽2×3.75m；在行车道两侧设0.50m的路缘带及0.25m的余宽；隧道内两侧设宽度为0.75m的检修道，高于路面0.40m。
图6.28 终南山隧道的施工
图6.29 终南山隧道内部装修
图6.30 终南山隧道入口

| 图6.27 | 图6.28 | 图6.29 |
| 图6.30 | | |

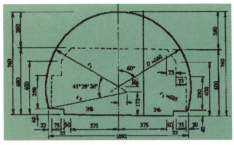

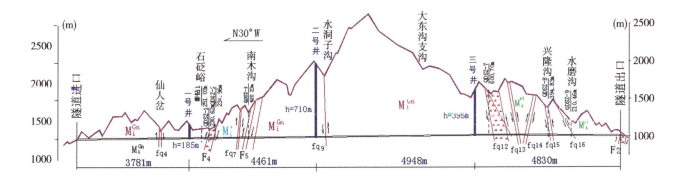

图6.31　隧道通风系统剖面图
图6.32　隧道通风系统剖效果图
图6.33　隧道通风竖井示意图

图6.31

图6.32

图6.33a　图6.33b

150

图6.34a 图6.34b 图6.34 终南山隧道内部灯光效果
图6.34c 图6.34d 图6.35 终南山隧道防火救灾演练
图6.35a 图6.35b

图6.36 终南山隧道疏散路线示意图
图6.37 终南山隧道运行管理示意图
图6.38 终南山隧道控制平台

图6.36 图6.37
图6.38

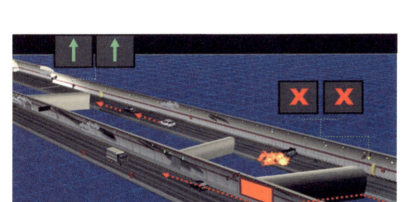
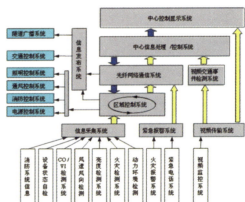

6.5 城市地下快速路

进入20世纪以后,汽车工业发展起来,出现了汽车和行人混行的地下道路。随着对安全、速度等方面的要求的提高,地下机动车道作为机动车的专用道路逐步产生。当城市隧道内车辆的行驶速度能够达到一定的要求,就出现了城市地下快速路。城市地下快速路是指在地面以下修建的城市地下交通隧道,设计时速一般为60—80km/h。它是完全隐藏于城市地表以下的一种隧道形式,在国外被称为underground urban expressway, underground urban freeway等。

6.5.1 法国巴黎地下快速路

1936年,巴黎市议会提出了巴黎城市地下快速路网的构想,在巴黎市区范围建设一个封闭的连接交通网络系统。整个交通网络是独立的(图6.39)。

6.5.2 美国波士顿地下快速路

美国波士顿"大开挖"地下快速路属于"中央干线"地下快速路的一部分,而中央干线属于州际93号线高速公路的一部分。下面先简单介绍中央干线地下快速路,再详细介绍"大开挖"地下快速路(图6.40—图6.41)。

图6.39 巴黎地下高速公路构想
图6.40 美国波士顿市John F. Fitzgerald高速公路(中央干线)1
图6.41 美国波士顿市John F. Fitzgerald高速公路(中央干线)2

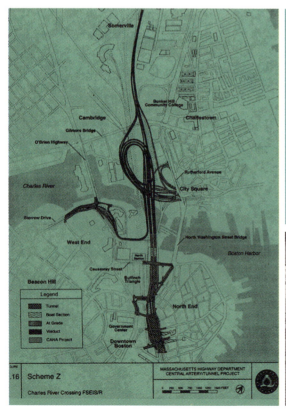

图6.40

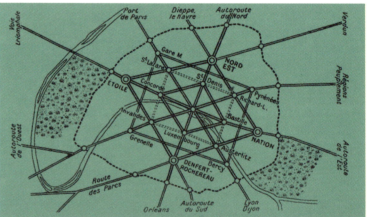

图6.39

图6.41

1) 波士顿市中央干线地下快速路

中央干线（The Central Artery），正式名称叫做"John F. Fitzgerald 高速公路"，是美国Massachusetts州波士顿市商业区快车道的一部分，被指定为州际93号、美国1号和3号干线。长度为5.12km。它建于20世纪50年代，部分为高架高速路，部分为地下快速路。然而，现在John F. Fitzgerald高速公路主要是由隧道组成，从20世纪90年代中期到2000年初，用了10年的时间建成，作为大开掘（中央干线/隧道）项目的一部分。

1951年至1954年中央干线的地面部分的第一段建成。这段新建的高速路架把临近的社区割裂开来，当地居民很快就表示出强烈不满。由于居民的反对，穿过南站地区的中央干线的南部末端被建造在地下，这段快速路被称为Dewey广场隧道。Dewey广场隧道是未拆掉的原来的中央干线的一部分，现在服务于南部交通。1959年中央干线正式开通（图6.41）。

2) 波士顿市中央干线/隧道工程

中央干线/隧道工程（英文名称是Central Artery/Tunnel Project），简称CA/T，非官方名称为"大开挖"（Big Dig），是一个中央干线（州际93）改道的特大工程，原来的高速公路改为一个长5.6km的城市地下隧道，穿过波士顿市的中心。该工程是城市地下快速路建设史上的一个典范。

该项目还包括建造Ted Williams隧道（扩大州际90号路至Logan国际机场）、Charles河上的 Leonard P. Zakim Bunker Hill Memorial大桥（伦纳德体育扎基姆邦克山纪念大桥），以及在前I-93高架路空缺处的Rose Kennedy Greenway（肯尼迪玫瑰绿色通道）等。2007年12月31日该项目完工，并正式移交给Massachusetts州高速公路管理局。

● 建造资金

波士顿市"大开挖"项目一直是美国最昂贵的公路项目。虽然该项目在1985年估计耗资2.8亿美元，截至2006年有超过14.6亿美元的联邦和州的税收被花掉。2008年7月17日，波士顿 Globe（波士顿环球时报）文章指出："根据环球审查数百页的政府文件，总计项目将花费额外的7亿美元，使总数达到220亿美元，直到2038年才能付清。"（表6.8）

表6.8 中央干道/隧道工程费用估算（1983—2002年）

时间	当年时值（亿美元）	折合2002年时值（亿美元）	联邦政府投资总比例（%）	联邦政府通过州际项目投资比例（%）
1983	23	37	85	85
1985	26	39	85	69
1987	32	45	85	69
1989	44	58	85	69
1991	52	64	85	69
1992	64	77	85	65
1993	77	90	85	54
1995	78	87	85	52
1996	104	114	85	40
1998	108	115	79	39
2000-03	122	126	70	34
2000-04	135	139	63	31
2000-10	141	145	61	30
2001	145	146	59	29
2002	146	146	58	29

资料来源：Alan Altshuler, David Luberoff. Mega-projects: the changing politics of urban public investment[M]. Washington, D.C: Cambridge, Mass, 2003: 116.

● 规划设计

20世纪70年代该项目在由波士顿交通规划审查机构构思（Transportation Planning Review），以取代锈迹斑斑的中央干线的6车道的高架路段。商业领导人更关心Logan机场，而不是第三港隧道的推进。Michael Dukakis（州长）和Fred Salvucci（交通部长）在他们的第二个任期，想出把这两个项目合并的战略——从而把商业界支持的项目与政府及波士顿市民支持的项目结合在一起(图6.42—图6.43)。

大开挖的规划在1982年正式开始，对环境影响的研究开始于1983年。

● 建造过程

经过多年的征集资金的游说，1987年为Big Dig（大开挖）拨款的公共工程法案被美国国会通过，但因为太昂贵随后被里根总统否决。1991年美国国会推翻美国总统的否决，允许该项目的建造。

除了这些来自总统的反对和财政上的困难，该项目还面临一些环境和工程的障碍。隧道穿过的市区将要被挖掘的地方主要是垃圾填埋场，还包括已有的地铁线路，以及数不清的管道和公用线路，挖掘隧道就必须更换或移动这些障碍物。隧道工人遇到了许多意想不到的地质和考古的障碍。在1991年该项目获得州环保机构的批准。到联邦环境许可在1994年交付（获得联邦环境许可）的时候，在这期间通货膨胀大大增加了项目的原始成本估计。

大开挖项目过于庞大以至于没有公司能独自完成，项目的设计和建造被分给几个承包商。

该工程采取了先进的建造技术。由于在整个施工过程仍在运作的旧的高架高速公路塔遍布指定的挖掘区域，工程师们首先利用地下连续墙技术建造约36m深的混凝土墙。地下快速路可以在挡土墙内建造。这些混凝土墙也稳定了路两边的地基，防止在开挖过程中塌方。

图6.42 波士顿大开挖平面布局   图6.42 ┆ 图6.43
图6.43 波士顿大开挖项目地图

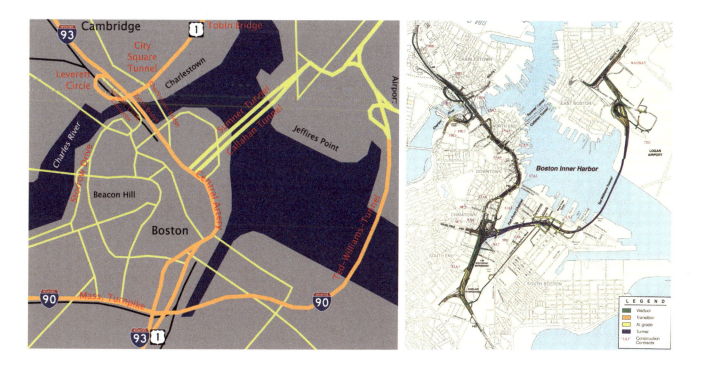

为了避免迁移多个火车线路，使用了专门设计的千斤顶，来支撑地表，在地表下面挖掘。为了在挖掘隧道时稳定周围实施了"地面冻结"的建造方法。这是世界上最大的在铁路线下面挖掘的隧道项目。地面冻结使挖掘更安全、更有效，比传统的明挖法所引发的环境问题要少。

● 开通情况

2003年1月17日I-90 Connector隧道（I-90连接隧道）正式开通，向东扩大Massachusetts州高速路（州际90）进入Ted Williams隧道，通到Logan机场。西行车道于2003年1月18日下午开通，东行车道于2003年1月19日开通。

把93号州际高架移到了地下分两个阶段完成：北行线于2003年3月开通，南行线于2003年12月20日开通。Leverett Circle下面的隧道连接Storrow Drive到I-93北部和Tobin桥，于2004年12月19日开通。

到2004年12月底，95%的大开挖已完成。

I-93所有南行线在2005年5月5日开放通车，包括Zakim桥左行线（靠左驾驶的线路），以及翻新的Dewey广场隧道的全部。

市中心最后的从I-93南部出口到Albany街的坡道开通于2006年1月13号（图6.44—图6.46）。

图6.44　图6.46
图6.45

图6.44 大开挖前的交通
图6.45 大开挖后的交通
图6.46 波士顿大开挖的交通出口（驶出隧道进入Zakim桥）

6.5.3 东京中央环线地下快速路（图6.47—图6.62）

东京是世界上人口密度最大的城市之一，在这样一个过度拥挤的大都市，需要开发巨大的未被利用的地下空间以取得更加高效的社会和环境效益。东京23个区的土地面积为621km^2，总共拥有1.18万km长的道路，道路面积占东京市区面积的15.7%。但是由于东京的汽车拥有量很高，交通堵塞问题依然存在。东京大都市快速路网每天有90万辆车的交通量，交通堵塞困扰着往来通行的车辆。其路面交通的平均速度仅有20km/h，缓解交通堵塞对市政府是一项紧迫的任务。然而，不计其数的商业及住宅建筑矗立在东京狭窄的街道和公路旁，对现有路面的拓宽充满难度。如果在现有道路上方建设高架路，虽然会分担地面的交通量，但沿线居民担心建设高架路会因车辆高速行驶产生巨大的噪音，并带来大量的废气，对当地的环境造成污染，影响生活质量，因而强烈反对在自家门前修建高架路。为了解决这些矛盾，日本政府和东京地方政府组织了众多交通和环保问题专家，进行充分调研和比较分析，探讨如何解决交通需要和环境保护之间的矛盾。经过反复论证，认为建设地下快速路可以解决这些问题。建设地下快速路不仅可以较大幅度节省建设费用，缩短建设工期，还有利于汽车尾气的处理，有利于环境保护。在隧道内设置的换气站可以将汽车排放物中的有害物质进行过滤和分解，排出基本没有污染的气体。

可行性：在工程的规划的初始，专家们提出了一套在距离地表20m深处修筑两条宽18m、单向三车道的地下快速路的方案。但是，如果在地下20m处修筑道路，必须向地面的土地所有者提供经济补偿，增加建设成本。而根据日本政府2001年4月开始实施的《大深度地下利用法》规定，如果在距离地表40m以下开发地下空间，可以不必向土地所有人进行补偿，也不需土地所有人同意。因此，日本国土交通省调整了建设计划，最终决定在距离地面40m深处建设两条宽13m、双向4车道的大深度地下快速路。

建设地下快速路在技术方面不存在问题，因为当时日本的隧道技术已经相当成熟，建设了众多的地下和海底工程，如世界闻名的青函海底隧道。由于东京地下的地质结构比较简单，相比而言，东京修建地下快速路的难度远不如青函海底隧道以及其他公路隧道。另外，东京已经建成了300km余长的地下铁道，这些工程对建设东京中央环状线地下快速路都有重要的借鉴意义。

修建意义：东京修建中央环线地下快速路除了具有节约建设费用、缩短工期和缓解环境污染外，还有一个用意就是国防建设。东京是一个曾经遭受过强烈空袭的城市，对防空具有一种潜意识需求。当地下快速路建成后，加上已开发的地下空间，东京将呈现出一个的地下堡垒。工程竣工后，通过一段地面道路就可以与东京湾海底隧道直接连通，进退自如，在军事上具有十分重要的作用。

图6.47

图6.47 东京中央环状线平面图,中央环状线中橘黄色是已建成的、红色的是建造中的,蓝色的实线是已建成的首都快速路,蓝色的虚线是建造中的首都快速路,天蓝色的实线和虚线是一般公路(非高速)

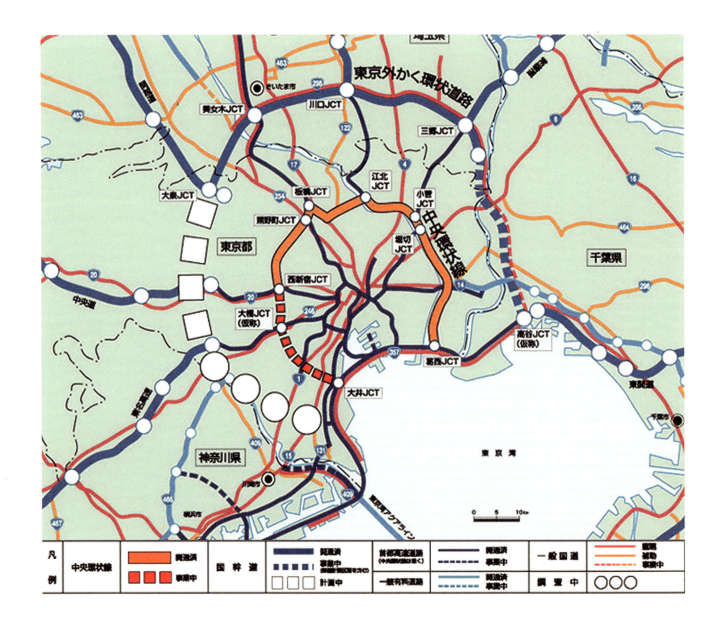

图6.48

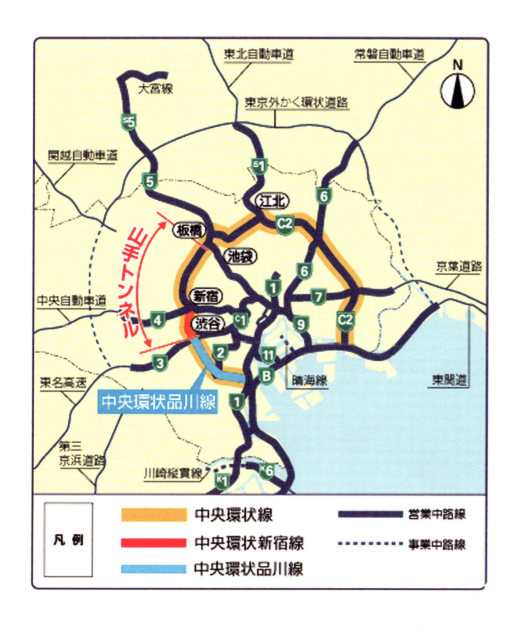

图6.48 中央环线各条线的位置

图6.49 中央环线新宿线各段
图6.50 新宿线剖面图

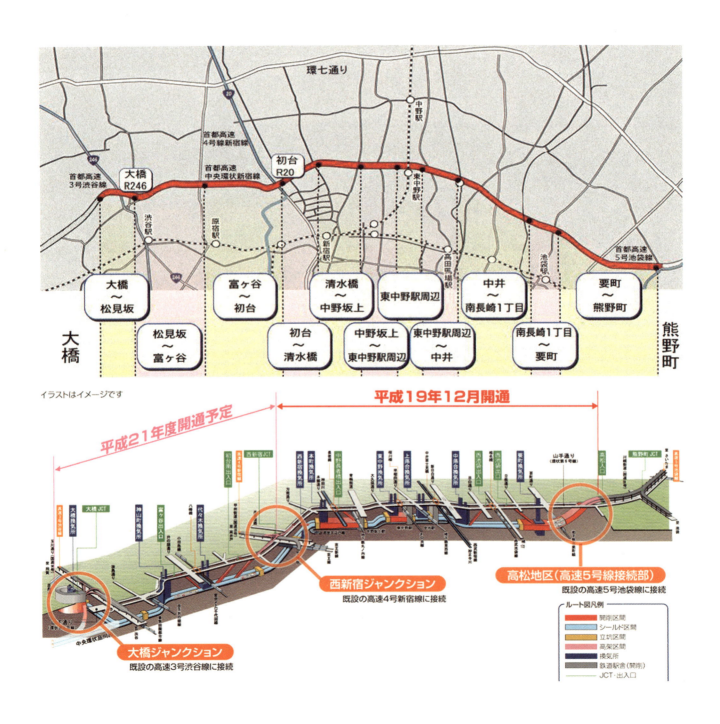

图6.49
图6.50

世界地下交通 | 第6章 地下机动车道　　　　　　　　　　　　　　　　　　　　　161

图6.51　新宿线西交界处平面图
图6.52　新宿线西交界处侧面图（剖面图）
图6.53　新宿线西交界处断面图（截面图）
图6.54　新宿线西交界处交通走向

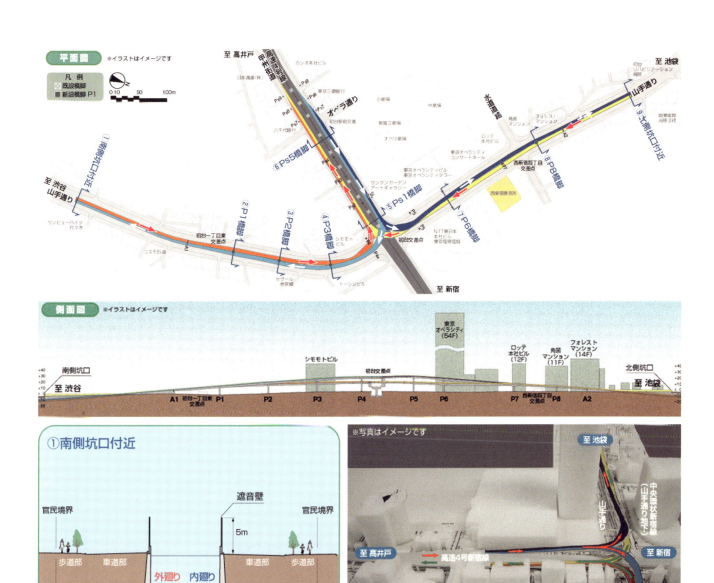

图6.55　新宿线高松快速路（地下段和地上段）平面图
图6.56　新宿线高松快速路（地下段和地上段）剖面图
图6.57　新宿线高松快速路（地下段）断面图

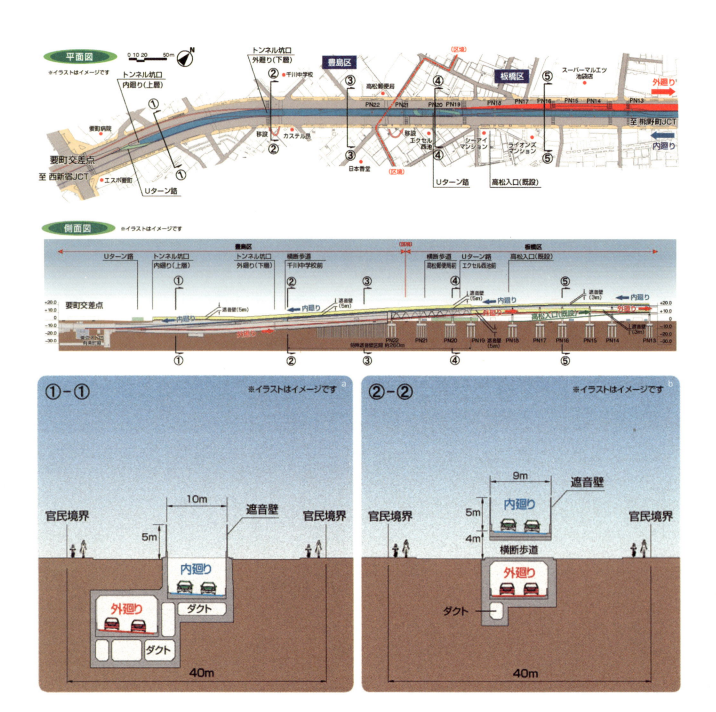

世界地下交通 | 第6章 地下机动车道 163

图6.58 新宿线高松快速路（地下段和地上段）效果图
图6.59 新宿线大桥部的平面图

图6.58

图6.59

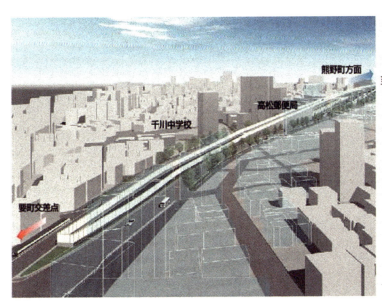

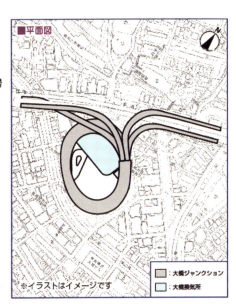

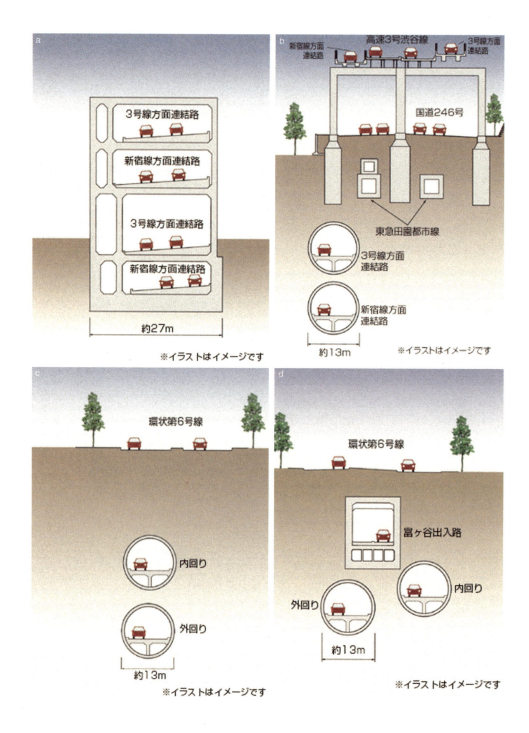

图6.60 新宿线高大桥部高速路断面图

图6.60a | 图6.60b
图6.60c | 图6.60d

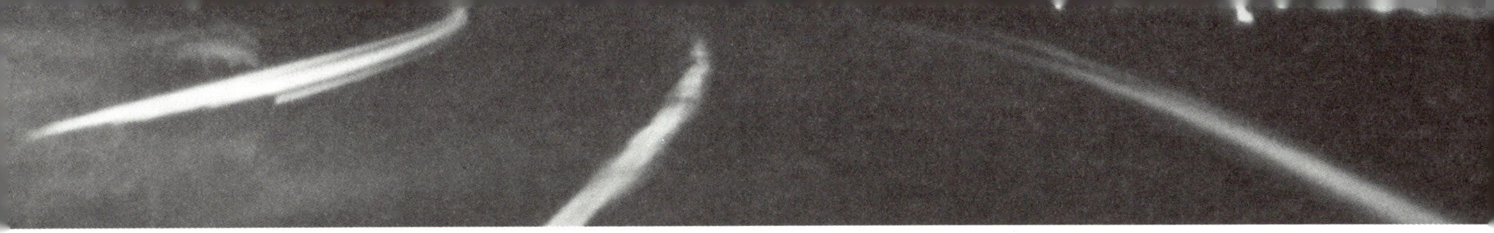

世界地下交通 | 第6章 地下机动车道

图6.61　中央环线状品川线位置图
图6.62　状品川线平面图、剖面图、截面图

图6.61　图6.62

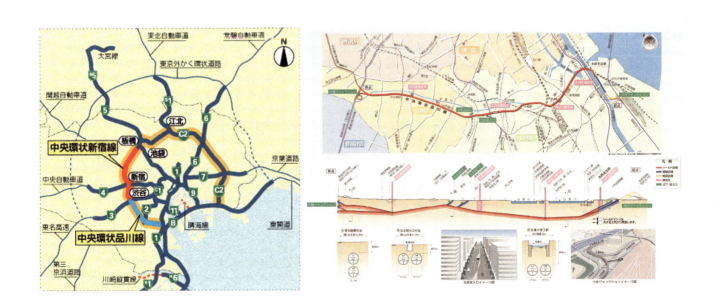

6.5.4 世界主要地下快速路一览表（表6.9）

表6.9 世界主要地下快速路一览表

地下快速路	长度（单方向）	车道数目	工程花费	设计时速	建设时间
美国波士顿Central Artery/Tunnel快速路	城市地下隧道长5.6km	8—10车道	147亿美元	—	Central Artery/Tunnel工程1991年开工，2007年12月31日完工
美国Arizona州Phoenix城市中心Papago高速公路隧道	879.5m	10车道	—		1990年8月10日开通
悉尼Harbour 隧道	2.46km	单/双向2车道	5.54亿澳元		1992年8月建成
悉尼M5 East地下快速路	4km隧道，550m长的穿河隧道	2—4车道	7.94亿澳元		1998年8月—2002年1月
悉尼Eastern Distributor	1.7km	—	—		1999年12月—2000年7月
新加坡KPE地下快速路	8.5km	—	10亿美元	70km/h	2001年—2008年9月
马来西亚	9km泄洪隧道，3km	双层4车	5.146亿美	—	2003—2007年
悉尼Lane Cove隧道	3.6km	双向X3.6m	11亿澳元	—	2004年6月—2007年3月
中国苏州独墅湖隧桥工程	隧道部分长3.46km。工程全长7.37km	主线为双向6车道	整个工程概算投资额为27.1亿	隧道主线限速80km/h	2007年10月10日开通
东京中央环状新宿线	11km	双向4车道	—	60km/h	—
巴黎A86西线快速路	20km（东隧道长10km，西隧道长7.5km）	—	17亿欧元	70km/h	1969年首次开放，2000年部分开通，西隧道正在建筑中，计划在2009年开通
悉尼The Cross City隧道工程	2.1km	双向2车道	6.8亿澳元	80km/h	—
布里斯班Airport Link快速路	5km	双向2—3车道	—	80km/h	—
布里斯班Toowoomba Road Bypass	1km	双向3车道	1.2亿澳元	—	—
墨尔本Eastlink	2km	双向3车道	4亿澳元	—	—

城市地下快速路作为一个后起之秀,正在被越来越多的国家重视。目前,更多的地下快速路正在规划中,相信未来的地下快速路将具有很大的发展空间,它必将为我们的城市交通带来更多的便利。

参考文献

[1] Alan A.Mega-projects:the Changing Politics of Urban Public Investment Washington[D].[Doctoral Thesis]. Cambridge:Cambridge University,2003.
[2] http://www.bigdig.com.
[3] http://www.boston.com.
[4] http://www.boston.com.
[5] Fu Y.Emerging World Cities in Pacific Asia[M],1996
[6] Carl A.The sunbelt:concept and definition in Geraid Nashed[N].The Urban West,1997-03-27.
[7] Kenneth Fox[C].Metropolitian America,1983.
[8] http://www.exetermemories.co.uk/EM/undergroundp.html.
[9] http://www.travelinginspain.com/basque/laguardia.htm.
[10] http://www.wenwu.gov.cn/ShowArticle.aspx?ArticleID=1847.
[11] http://en.wikipedia.org/wiki/Wiki.
[12] Smith A.Transportation and parking for tomorrow's cities[J]. Automobile Manufactures Association,1966,14(2).
[13] Paulson B.Research and development needs for systerm and management in underground transportation construction[J]. Underground Space,1997,2:81-89.
[14] Forman P.La Planification des Transports Urbains[M]. Paris:Masson,1984.
[15] Yuzo O.Urban underground utilization plan of Boston[J]. Journal of Underground Space Utilization,1990:28-35.
[16] Joanlin H.Cost-benefit analysis of Boston's central artery[J].Tunnel,2003（4）:56-62.
[17] Yanni T.Boston's Central Artery[M].Boston:Arcadia Publishing SC Press,2001.
[18] Taurasi E.Boston's Big Dig - One of engineering's biggest mistakes[N].Design News,2006-06-27.
[19] Megan W.Settlement reached in Big Dig death[J].Boston Globe,2007(3):67-74.
[20] Steven E.Underground Transportation Systems in Europe[M]. London:Capital Transport Publishing,2006.
[21] Seifert N.Austrian risk analysis for road tunnels development of a new method for the risk assessment of road tunnels[R]. Austrian:ITA-AITES World Tunnel Congress,2007.
[22] Loh C.The Success of Singapore in Designing its City and Managing Transport[R].Singapore:Transportation Science,2006.
[23] Akahata.Underground highway construction plan threatens World Heritage site in ancient city[N].Japan Press Weekly,2006-10-30.
[24] John Smart.Underground Automated Highways (UAH) for high-density cities[R].London:Commerce Clearing House,2005.
[25] 姜伟,陈志龙,杨延军.地下交通与城市绿地复合开发模式[J].地下空间,2003,3:306-313.
[26] 童林旭.地下空间与城市现代化发展[M].北京:中国建筑工业出版社,2005.
[27] 吉迪恩.S.格兰尼,尾岛俊雄.城市地下空间设计[M].北京:中国建筑工业出版社,2005.
[28] 钱七虎,陈志龙,王玉北,等.地下空间科学开发与利用[M].南京:凤凰出

版传媒集团-江苏科学技术出版社,2008.
[29] 童林旭.地下建筑学[M].济南:山东科学技术出版社,1994.
[30] 陈立道,等.城市地下空间规划理论与实践[M].上海:同济大学出版社,1997.
[31] 钱七虎.迎接我国城市地下空间开发高潮[J].岩土工程学报,1998(1).
[32] 祚清.日本城市大规模、深层次、多功能的地下空间开发利用[J].地下空间,1998(2).
[33] 王梦恕.21世纪是隧道及地下空间大发展的年代[J].岩土工程,2000(6).
[34] 童林旭.日本的大深度地下空间利用动向[J].地下空间,1994（3）.
[35] 同济大学地下空间研究中心.国内外地下空间开发利用的历史、现状与趋势[J].同济大学学报,1991.
[36] 王文卿.城市停车场（库）设计手册[M].北京:中国建筑工业出版社,2002.
[37] 刘冰.停车场建设与土地利用的关系研究[D].[硕士学位论文].北京:清华大学,1996.
[38] 李芳.国外CBD研究及规划实例简介[J].城市问题,1994.
[39] 惠英.城市轨道交通站点地区规划与建设研究[D].[硕士学位论文].上海:同济大学,2001.
[40] 王璇,侯学渊,陈立道.大城市站前广场地下空间的开发利用[J].地下空间,1992.
[41] 束昱,王璇.青岛市地下空间规划编制的实践[J].地下空间,1998.
[42] 冈原美知夫·土屋幸三郎.大深度掘削工事の现状と今后の动向[R].综合土木研究所,1990.
[43] 束昱,彭芳乐.地下空间研究的新领域[J].地下空间,1990.
[44] 王璇,杨林德,束昱.城市道路地下空间的开发利用[J].地下空间,1994.
[45] 陈立道,朱雪岩.城市地下空间规划理论与时间[M].上海:同济大学出版社,1997.
[46] 王文卿.城市地下空间规划与设计[M].南京:东南大学出版社,2000.
[47] 候学渊,束昱,王璇.上海城市地下空间发展展望[J].地下空间,1998.
[48] 王璇,白廷辉.地铁的整合建设[J].城市规划汇刊,1999.
[49] 束昱,王璇.国外地下空间工程学研究的新进展[J].铁道工程学报,1996.

7 地下静态交通

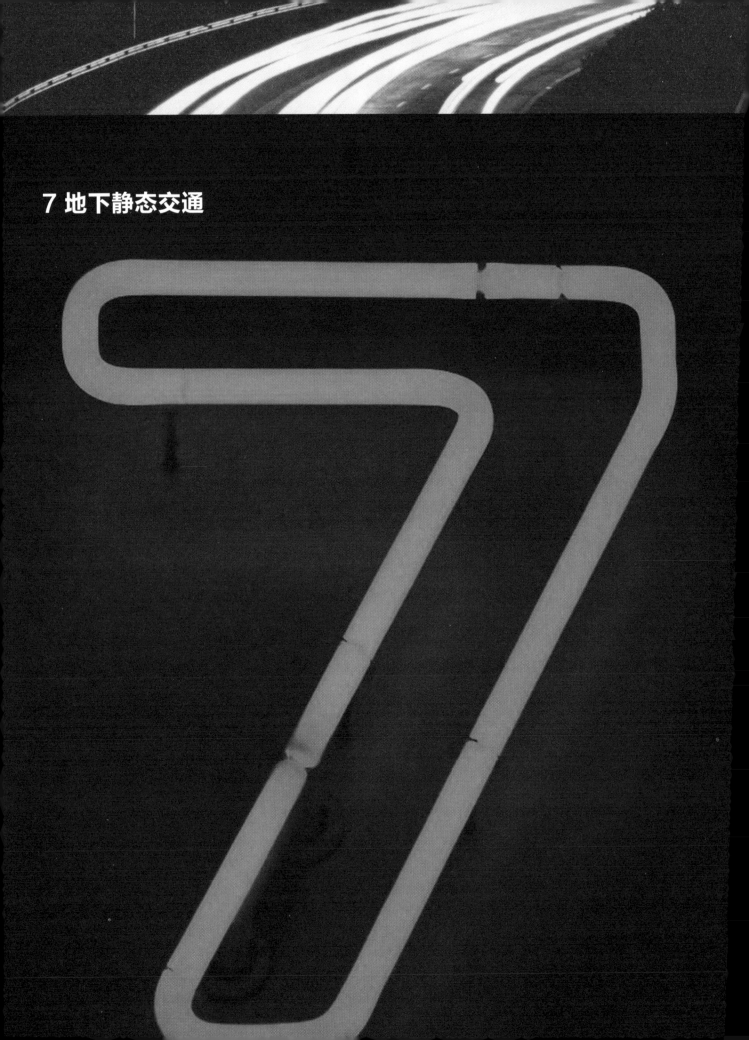

本章讲地下静态交通，主要包括地下停车场和地下停车系统，具体说来如下。

7.1 地下停车场

地下停车场(underground parking)是指建筑在地下用来停放各种大小机动车辆的建筑物，也称地下(停)车库，在国外一般称为停车场(parking)。城市地下停车场宜布置在城市中心区或其他交通繁忙和车辆集中的广场、街道下，以使其对改善城市交通起积极作用。

地下停车场按运输方式可分为坡道式地下停车场和机械式地下停车场两种(图7.1—图7.2)。

世界上最早的地下停车场——美国旧金山联合广场地下停车场。

1917年Andrew Pansini看到人们对远离街道的停车场的需求，成立了Savoy公司（该公司开设了Savoy汽车停车场——世界上第一个地下停车场）。1942年Savoy公司在旧金山开挖了联合广场地下车库，这是世界上第一个地下停车场，其经营管理所有权（房产权）在北加利福尼亚。

美国旧金山联合广场与Stockton街、Post街、Geary街和Powell街接壤，联合广场及周边街道是旧金山商业地带。联合广场地下停车场有4层，共985个车位。

这个地下停车场还可以作为一个战时防空袭避难所(图7.3—图7.6)。

图7.1a | 图7.3
图7.1b
—
图7.2

图7.1 坡道式地下停车场的示意图
图7.2 机械式地下停车场示意图
图7.3 旧金山联合广场地下停车场开工仪式

7.1.1 坡道式地下停车

日本大阪长堀坡道式地下停车场位于日本大阪长堀地下2—4层（地下1层是商业店铺），位置是大阪府大阪市中央区南船场2丁目长堀地下街9号（大阪府大阪市中央区南船场2）。大阪长堀地下停车场有3层地下停车场，是坡道式（自行式）停车场，有停车位1 030个。地下停车场设施管理者为扫克里斯塔长堀有限公司。从长堀308号线公路可以进入停车场。该停车场是24小时营业的全年无休停车场（图7.7—图7.9，表7.1）。

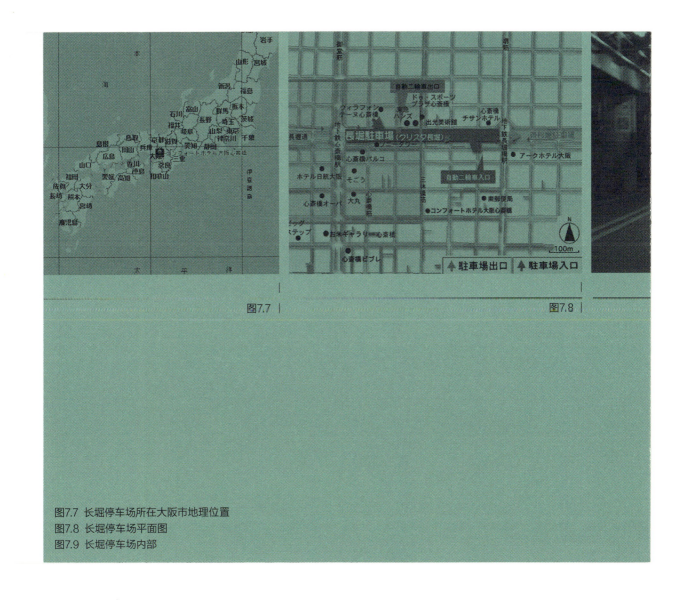

图7.7 长堀停车场所在大阪市地理位置
图7.8 长堀停车场平面图
图7.9 长堀停车场内部

表7.1 长堀停车场一览表

停车场名	长堀停车场		
所在地	中央区南船场2丁目长堀地下街9号（大阪府大阪市中央区南船场2）		
营业时间	24小时	休息日	年中无休
停车场形态	坡道式地下停车场	停车位	1 030个停车位（另外还可停放自动二轮车43辆）
各层功能	地下1层为商业，地下2—4层为停车		
出入口	各2个	可停最大车种	宽2.0m，长5.1m，高1.8m
收费	一般车（汽车）： 平日：200日元/25分钟（8:00—24:00），100日元/30分钟（24:00—8:00） 节假日：300日元/30分钟（8:00—24:00），100日元/30分钟（24:00—8:00） 一日最高收费（再入库不可）：平日2 000日元，节假日3 000日元（当日0:00—24:00） 自动二轮车：500日元/入库后24小时以内		
定期收费	一般车（汽车） 通勤定期券　1个月25 000日元(只可在平日7:00—22:00使用) 全日定期券　1个月50 000日元　3个月135 000日元 全日深夜定期券　1个月18 000日元（16:00—次日6:00） 平日定期券　1个月33 000日元(只可在平日使用) 自动二轮车全日定期券　1个月13 000日元		
门票（回数券）	24小时券　72 000日元/30枚		
预付卡	大阪市可以使用预付卡（不包括摩托车） 门票3000日元（3 300日元） 门票5000日元（5 500日元） 门票10000日元（11 000日元）		
施设管理者	克里斯塔长堀有限公司		
通风塔	地上每隔45m1个		

7.1.2 机械式地下停车（图7.10）

图7.10a | 图7.10b
图7.10c

图7.10 机械式自动地下停车过程

1) 意大利Cesena机械式地下停车场

意大利Cesena（塞泽纳）自动地下停车场内部直径18.80m，初步安置了2个圆柱筒仓，共3层，每层高度2.3m，停车位每排12m，有车位108个。随后安装了4个圆柱筒仓，共9层计312个停车位（图7.11）。

20世纪90年代末第一个商业的全新的完全自动化的停车系统出现了。Trevipark是一个新的泊车系统，适合于在内部城市和城市设置。Jrevipark系统解决了许多一贯的与市区停车相关的问题：挤塞、污染、土地空间、安全性。通过紧凑的、环形的、地下竖井停车场，可以优化空间。

第一次安装这种模块化、自动化的停车系统是在意大利的Cesena。地方当局寻求一个停车的解决方案，尽量减少对周边地区的干扰，既要利用地下公用设施又要利用现有的陆路结构。意大利当局批准使用紧凑型Trevipark系统——该系统使用自动停车；停车利用360°垂直旋转电梯，使车辆直接进入停车湾；平均停车和检索的时间是50秒；具有极高的安全性。由于其紧凑的设计，地下停车场可以设置在城市中心的地位靠近现有的建筑物的地方。车库可容纳高达108辆数量的汽车。

塞泽纳停车场的设计使用不可分割的垂直提升装置，统一尺寸，结构强度足以抵制变形的压力。司机把他们的车辆停在停车线，插入卡，通过多个传感器，执行各种安全检查，然后传达指令给电梯，从电梯旋转和转移车辆进入一个可用的停车湾。司机可以使用同一张卡在出口处检索他们的车辆。

地下停车场是一个钢筋混凝土圆柱。这个连续的混凝土防渗墙内部直径18.8m。停车场共有多达9个水平面（有9层）。

每层地下停车场的高度是2.3m。内部停车位由预制的钢筋混凝土建造。每个停车位径向放在靠近圆柱外周的地方，每一层设置12个停车位(图7.12)。

图7.11 ｜ 图7.12

图7.11 Cesena地下停车场是一个钢筋混凝土的圆柱缸，内部直径是18.8m

图7.12 Cesena地下停车场内部停车位由预制的钢筋混凝土建造，每个停车位径向放在靠近圆柱外周的地方，每一层设置12个停车位

电梯结构位于圆柱中心。电梯具有一个旋转的钢塔和汽车升降机,以及用来预存款和检索的自动无轨电动车。电梯垂直移动,同时把车辆运至停车档(图7.13)。

该系统还具有先进的灭火、防洪、通风功能,安全性很高。

Cesena初步安置了2个圆柱筒仓,随后安装了4个圆柱筒仓,共312个停车位(图7.14—图7.16)。

另外,在欧洲Stockholm(斯德哥尔摩)、Turin(都灵)、Rome(罗马)和Stolzer Parkhaus(德国)(图7.17)也安装了同样的停车场。

图7.13 Cesena地下停车场的电梯位于圆柱中心,电梯具有一个旋转的钢塔和汽车升降机,以及用来预存款和检索的自动无轨电动车,电梯垂直移动,同时把车辆运至停车档

图7.14 接近竣工的Cesena停车场

图7.15 Cesena地下停车场内部

图7.16 Cesena的Fabbri广场地下停车场的装载区——机械式停车场车辆装载区

图7.17 Stolzer Parkhaus机械式地下停车场

图7.13

图7.14

图7.15

图7.16

图7.17a

图7.17b

图7.17c

2) 日本大阪市安土町机械式地下停车场

日本大阪安土町地下停车场（图7.18—图7.19）位于日本大阪市中央区安土町3丁目1番10号，是一个地下3阶5层机械式停车场，有停车位527个（可停普通车527辆，可停高顶车211辆），安土町地下停车场归三井不动产贩卖株式会社管理。

其他自动停车场请参见图7.20—图7.31。

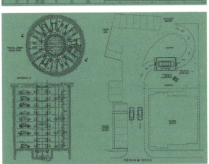

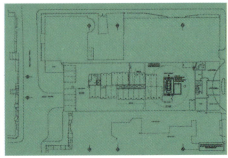
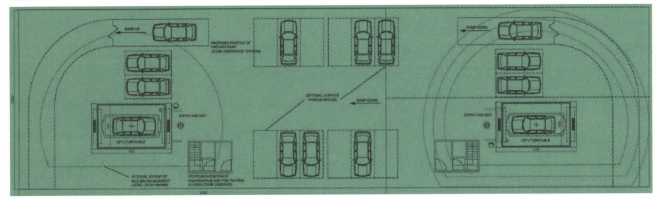

图7.18 安土町地下停车场区位图
图7.19 安土町地下停车场立体结构图
图7.20 某自动停车场平面和剖面示意
图7.21 某自动停车场平面图1
图7.22 某自动停车场平面图2
图7.23 某自动停车场平面图3
图7.24 某自动停车场平面图4
图7.25 某自动停车场平面图5

第7章 地下静态交通

图7.24
图7.25
图7.26 某自动停车场平面图6
图7.27 某自动停车场平面图7
图7.28 某自动停车场平面图8
图7.29 某自动停车场剖面图1
图7.30 某自动停车场剖面图2
图7.31 某自动停车场剖面图3

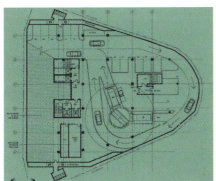
图7.26

图7.27

图7.28

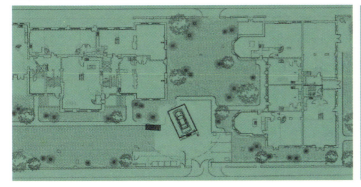
图7.29

图7.30

图7.31

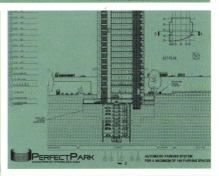

7.1.3 混合式地下停车

日本大阪站前地下停车场是机械式、坡道式混用停车场。该停车场是大阪站前地下综合体工程的一部分，大阪站前地下综合体工程从1961年颁布《市街地改造法》，进行规划开始，到1983年完成该区域的旧城区改造，一共经历22年。1987—1988年，大阪市制定规划，于1988年开始，到1995年，投资500亿日元，建设大阪站前梅田区域地下交通体系。地下交通体系共有2层，上层为地下街和公共地下人行通道，下层主要为地下停车场。大阪站前地下停车场分别位于大阪站前第一栋地下4层、大阪站前第二栋地下3层、大阪站前第三栋地下3层、大阪站前第四栋地下4层（图7.32—图7.35）。

图7.32a　图7.32b

图7.32　大阪站前地下停车系统位置图
图7.33　大阪站前地下停车系统出入口位置图
图7.34　大阪站前地下停车系统地下2层停车库示意图
图7.35　大阪站前地下停车系统地下2层（地下停车场）平面图

世界地下交通　第7章 地下静态交通　　181

图7.33　图7.34

图7.35

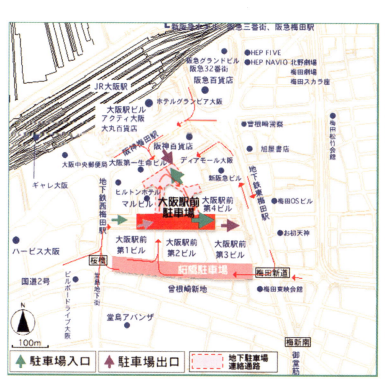

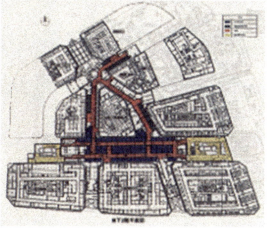

7.1.4 世界各地地下停车场一栏表

世界各地地下停车场见表7.2：

表7.2 世界各地地下停车场实例列表

名称	地点	层数	停车位（个）	年份	类型	备注
Saint-Michel地下停车场	法国巴黎Saint-Michel（圣米歇尔山）下	6	430	—	—	—
波士顿邮局广场公园地下停车场	位于美国波士顿邮局广场公园地下	7	约1400	建于1991年	坡道式	原是一个不引人注意的3层市政停车场，现在是7层停车场
Los Angeles J. Paul Getty博物馆地下停车场	美国洛杉矶	7	1200	建于1997年	—	—
克里夫兰骑士队植物园地下停车场	美国克里夫兰骑士队植物园地下	2	约200	建于2003年	—	—
Denver科学博物馆地下停车场	美国Denver科学博物馆地下	2	约400	建于2003年	—	—
Milwaukee艺术博物馆地下停车场	位于美国Wisconsin州Milwaukee艺术博物馆地下	1	98	建于2001年	—	该地下车库的特点是圆滑、流畅、温柔，有杰出的照明、自然和人工气候控制，设计方便、安全
Recreation和Park Department地下停车场	美国旧金山市	2	800	目前正在建造中	—	1998年旧金山市批准Music Concourse区地下停车场设施的规划提案。2002年12月，Concourse管理机构批准了地下停车场设施的发展设计。2003年11月18日和11月25日，市议会通过了两项决议和一项法令批准该项目。2003年12月15日，建筑部门（Department of Building）监察发布此项目的许可证，后来发布必要的许可证附录并开始施工
亚特兰大大西洋站地下停车场	美国亚特兰大市大西洋站地下	2	7500	—	—	美国亚特兰大的大西洋站地下停车场（据说是全美最大的停车场）
张家港购物公园地下停车场	中国张家港购物公园地下，位于张家港城西新区中心地带，距离市中心2km	1	1248	—	—	张家港购物公园地下停车场系统除了有地下停车库，另有地上停车位132个
伯明翰地下停车场	位于英国Birmingham（伯明翰）的Holloway广场（英文名称是Holloway Circus）的Beetham塔（英文名称是Beetham Tower）地下	5	55	—	全自动停车场	全自动停车场位于英国Birmingham的Holloway广场（英文名称是Holloway Circus）的Beetham塔（英文名称是Beetham Tower）地下，开发商是Beetham机构（英文名称是Beetham Organisation）。设计建筑师是Ian Simpson。承包者是Laing O'Rourke。在第一层有一个入口（出口）自动转盘

续表7.2

名称	地点	层数	停车位(个)	年份	类型	备注
御池地下停车场	京都御池地下停车场位于日本京都府京都市中京区，京都市役所前御池通地下，河原町通三条下ル大黑町58番地（中京区下本能寺前町492-1）	2	1000	1997年开放		地下1、2层是地下停车场。地下3层是地铁
长堀地下停车场（长堀驻车场）	日本大阪府大阪市中央区南船场2丁目长堀地下街9号，位于大阪长堀地下2—4层	3	1030	—	坡道式	地下停车场设施管理者是クリスタ长堀株式会社。从长堀308号线可以进入停车场
东长堀停车场	日本大阪市中央区南船场2丁目长堀地下街9号（东长堀停车场：大阪府大阪市中央区南船场1丁目1-1）	2	270	—	坡道式	停车场管理者：パーク24株式会社
宫原地下停车场	日本大阪市淀川区宫原3丁目(歌岛丰里线道路下)	2	122	—	坡道式	—
丰崎地下停车场	日本大阪市北区丰崎3丁目(北野都岛线道路下)	1	120	—	坡道式	—
扇町停车场	日本大阪市北区扇町1丁目1番20号	2	262	—	坡道式	—
本町停车场	日本大阪市西区靱本町1丁目(本町通道路下)	4	154	—	坡道式	—
土佐堀停车场	日本大阪市西区土佐堀1丁目	4	210	—	机械式	地下2阶4层
安土町地下停车场	日本大阪市中央区安土町3丁目1番10号	3	527	—	机械式	停车场管理者：三井不动产贩卖株式会社。可停高顶车211辆（普通车527辆）
靱停车场	日本大阪市西区靱本町2丁目	1	255	—	坡道式	停车场管理者：三井不动产贩卖株式会社
谷町停车场	日本大阪市中央区谷町2丁目	1	211	—	机械式	可停高顶车86台（可停211台普通车）
盐草停车场	日本大阪市浪速区盐草1丁目(浪速公园地下)	1	133	—	坡道式	—
长居公园地下停车场	日本大阪市东住吉区长居公园1-26	1	255	—	坡道式	—
上汐停车场	天王寺区上汐4丁目(市道天王寺区第8601号线道路下)	2	124	—	坡道式	

续表7.2

名称	地点	层数	停车位(个)	年份	类型	备注
四条乌丸机动车停车场	日本京都下·室町通绫小路上ル, 鶏鉾镇	地下2层	339	—	坡道式	立体式
円山停车场	日本京都东祇园町北侧	2	131	—	坡道式	立体式
鸭东停车场	日本京都东·川端通四条上ル	4	144	—	机械式	—
Erottaja地下停车场	芬兰首都Helsingfors	—	450	建于1998年	—	59 000m³, 13 025m²
Kluuvi地下停车场	芬兰首都Helsingfors	—	725	建于1995—1999年	—	即是地下停车场, 也可作为可供7 500人避寒的地下避寒中心, 10万m³, 23 900m²
Herttoniemenranta地下停车场	芬兰首都Helsingfors	—	513	建于1995—1997年	—	80 000万m³, 17 700m², 可供9 000人避寒
Varissuo市政停车场	芬兰首都Helsingfors	—	100	建于1992—1999年	—	5 435 m², 可供3 000人避寒

一般来说, 地下停车场不仅能改善地面交通状况, 还能促进土地的集约利用, 甚至能改良地面环境(图7.36)。

图7.36a | 图7.36b 图7.36 地下停车场对地面环境的改善

7.1.5 其他车辆地下停放

这里简要图示自行车与火车的地下停放,如图7.37—图7.38所示。

图7.37a　图7.37b　图7.37c　　　　　　　　　　图7.37　地下自行车停放
图7.37d　图7.38　　　　　　　　　　　　　　　图7.38　日本地下木场车库

7.2 船只地下停放

我们以瑞典与前苏联的地下海军基地为例,来介绍船只的地下停放。

1) 瑞典地下海军基地

冷战时期,在瑞典首都斯德哥尔摩以南约30km的一个大岛上,建有庞大的地下海军基地,它建立在花岗岩洞穴中,有军火库、野战医院、指挥部,另外,船坞、大型军舰和潜艇可开进去掩蔽(图7.39—图7.43)。

图7.39 潜艇驶入隧道
图7.40 潜艇在隧道中
图7.41 潜艇停放
图7.42 导弹驱逐舰停放
图7.43 导弹驱逐舰驶出隧道

图7.39	图7.40
图7.42	图7.41
	图7.43

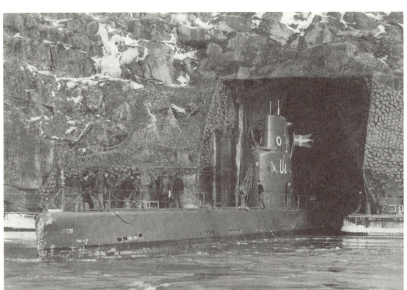

2）前苏联地下潜艇基地

在冷战时期，前苏联在乌克兰的克里米亚半岛的巴拉克拉法帽（Balaclava）海湾建造了地下潜艇基地，该基地可以抗100万t的核武器，可以同时停放多艘潜艇。该隧道有6m高、8m深（图7.44—图7.46）。

图7.44　前苏联地下潜艇基地示意图
图7.45　前苏联地下潜艇基地入口
图7.46　前苏联地下潜艇基地内部

7.3 地下停车系统

7.3.1 北京中关村西区地下停车场系统（图7.47—图7.51）

北京中关村西区地下交通环廊全长1.9km，设有停车位1万多个，其中公共停车位2 000个。环廊呈扇形环状管道，平均深12m，最深处达14m，环廊为单位向（逆时针）双车道，断面净高3.3m，净宽约7m，有10个出入口与地面相连，另外有13个入口与单体建筑地下车库连通，使机动车直接通向地下公共停车场及各地块的地下车库，启用时间是2007年12月9日。

从中关村海龙大厦旁边的一个入口进入地下环廊，在2.1m的限高架上醒目地标示着几块牌子：环廊内是禁止吸烟的，开放时间为早上7时到晚上23时，环廊内的行车速度限制为15km/h以内。顺着缓坡道进入环廊内部以后，眼前一片灯火通明，宽阔干净的环廊内部、远近分布着许多醒目的交通标识。

该环廊共设理想大厦、鼎好电子城、中关村E世界等6个进口，以及辉煌大厦、中关村广场购物中心等4个出口，社会车辆可由北四环、中关村大街等主要路段进入地下环廊到达停车场和去往中关村西区多栋大厦。"车辆走地下环廊不用在地面上等红绿灯、绕圈子。"环廊最宽处7.7m，高3.4m，可以宽松地容纳两辆汽车并行通过；和环廊相连接的两处停车场，可以容纳1 200辆汽车。环廊内禁止行人、自行车和摩托车通行。

35个摄像头保证监控没有死角。环廊内的所有车辆和人员调度监控都由地下二层的中央监控室完成。30台一氧化碳探测器会探测汽车尾气浓度是否超标，启动142台排风和换气设备，保证空间的空气流通。环廊内一周安装有8个手动报警按钮和8部消防电话，供紧急情况下安保人员和司机与中控室连通，另外还配备有108个消防广播和相应的消防设备。

图7.47 中关村西区地下停车场系统位置图
图7.48 中关村西区地下停车场系统环廊入口
图7.49 中关村西区地下交通环廊
图7.50 中关村地下环廊内应急停车区
图7.51 中关村西区地下交通环廊中控室

图7.47	图7.48	图7.49
	图7.50	图7.51

在环廊通道上方的LED显示屏不断地显示中控室的消息，为司机提供道路指引，环廊右侧每隔200m余就设置一个紧急停车带。

7.3.2 杭州钱江新城核心区地下停车场系统（图7.52—图7.53）

杭州钱江新城地下城规划总建筑面积约为258万m^2，其中停车面积182万m^2。

在钱江新城的地下城，车位可以互相连通，商业也可以连通，人在地下，可以自由穿行，不受地面交通干扰，是一个真正自成一体的系统。

城市阳台1号、2号地下停车库：位于钱江新城核心区内城市阳台南侧，之江路沿线，是利用周边道路之间的高差空间而建的地下车库，主要解决"阳台"及周边旅游的配套及相邻地块的公共停车。总建筑面积6.5万m^2。已投入使用。1号、2号城市副阳台周边，道路高低不一，设计师利用高差空间，建了两个地下停车库，有1 300多个停车位。其中1号城市副阳台下的车库，泊位就有800多个，主要出入口在五星路上，森林公园对面。另外还有6个出入口，有几个朝向之江路。

据了解，钱江新城地下停车以各建筑地下2—3层为主，根据需要局部考虑地下4层。同时为提高车库停放使用效率，避免各单位设立独自的地下车库而造成地块内车库出入口过多的现象，规划设计在不穿越城市道路的原则下，在同一街坊的地下车库应考虑连通，形成小环型独立系统。

坐落于新城核心区的主轴线上、东连城市阳台、南接国际会议中心与解放东路、西穿副川路与市民中心、北接杭州大剧院与新业路的波浪文化城的地下2层设有784个车位的停车场（地下1层设有步行街和不同规模的广场）。

图7.52 图7.53

图7.52 杭州钱江新城核心区地下停车场系统平面图，红色的箭头是行车出口
图7.53 杭州钱江新城核心区总体结构示意图

参考文献

[1] Kimmo R.Underground space in land use planning[J].Tunnelling and Underground Space Technology,1998,3:39-49.
[2] Zhao K.Construction and utilization of rock caverns in Singapore[J].Tunnelling and Underground Space Technology,1996,11(1):81-84.
[3] Edelenbos R.Strategic study on the utilization of underground space in the Netherlands[J].Tunnelling and Underground Space Technology,1998,13(2):159-165.
[4] Cliff A.Underground car parks[J].Tunnelling and underground space technology,1995,10(3):299-342.
[5] Burton E.Smart cars and automated highways[J].Mechanical Engineering,1998,12(1):45-52.
[6] http://www.exetermemories.co.uk.
[7] Joanlin H.Cost-benefit analysis of Boston's central artery[J].Tunnel,2003(2):65-69.
[8] Yan T.Boston's Central Artery[M].Boston: Arcadia Publishing SC Press,2001.
[9] Megan W.Settlement reached in Big Dig death[R].Boston:Boston Globe,2007.
[10] Bennett R.Deconstructing Post WWII New York City:The Literature,Art,Jazz,and Architecture of an Emerging Global Capital[M].New York:Routledge,2003.
[11] Berkowitz J.Yiddish Theater:New Approaches[M].Oxford:The Littman Library of Jewish Civilization,2003.
[12] Bernstein C.Blood on the Cutting Room Floor[M].Los Angeles:Sun and Moon Press,1986.
[13] Jiang K.Acoustics of long ground space[J].Tunnelling and Underground Space Technology,1996,12(1):16-21.
[14] Kang J.Scale modeling of train noise propagation in an underground station[J].Journal of Sound and Vibration,1997,20(2):298-302.
[15] Tastsuya N.Toshiro Truchiya, development of low noise and vibration tunnelling methods using slots by single hole continuous drilling[J].Tunnelling and Underground Space Technology,2003,18:263-270.
[16] Lindblom L.Sweden's National Library goes underground[J].Tunnelling and Underground Space Technology,1995,10(2):149-154.
[17] Wilson J.Nostalgia:Sanctuary of Meaning[M].Lewisburg,PA:Bucknell UP,2005.
[18] Winspur S.On City Streets and Narrative Logic City Images:Perspectives from Literature, Philosophy,and Film[M].New York:Gordon and Breach,1991.
[19] Medda F.The WPA Guide to New York City[M].New York:Pantheon Books,1939.
[20] Reed M.Investment in Railways in Britain:1820—1844[M].Oxford: Oxford University Press,1975.
[21] William L.A prolegomenon to the forecasting of transportation development:technical report[R].Washington:Office of Technical Services,United States Department of Commerce,United States Army Aviation Material Labs,1962.
[22] http://www.spartacus.schoolnet.co.uk.
[23] http://www.mtholyoake.edu.
[24]http://www.wikipedia.org/wiki/Railtrack.
[25] http://www.mtholyoake.edu/courses.html.
[26]http://www.wikipedia.org/wiki/Great_Western_Railway.
[27] Joanlin H.Cost-Benefit Analysis of Boston's Central Artery[J].Tunnel,2003,4:58-62.
[28] Yanni T.Boston's Central Artery[M].Boston:Arcadia Publishing SC Press,2001.
[29] Megan W.Settlement Reached in Big Dig death[N].Boston Globe,2007-04-25.
[30] 陈志龙,王玉北.城市地下空间规划[M].南京:东南大学出版社,2005.
[31] 李相然,等.城市地下工程实用技术[M].北京:中国建材工业出版社 2002.
[32] 忻尚杰,等.中国城市地下空间开发利用研究[M].北京:中国建筑工业出版社, 2001.
[33] 童林旭.地下建筑学[M].济南:山东科学技术出版社,1994.
[34] 尾岛俊雄.日本のインフラストラクチャ—[N].东京:日刊工业新闻社,1983.
[35] 尾岛俊雄,高桥信之.东京の大深度地下[M].东京:早稻田大学出版部,1998.
[36] 陈立道,朱雪岩.城市地下空间规划理论与实践[M].上海:同济大学出版社,1997.
[37] 王文卿.城市地下空间规划与设计[M].南京:东南大学出版社,2000.
[38] 谭炳新.现代城市交通规划设计全书[M].北京:海潮出版社,2000.
[39] 钱七虎.俄罗斯地铁建设考察[J].地下空间,2001（4）.
[40] 崔之鉴.地下铁道[M].北京:中国地铁出版社,1984.
[41] 周干峙,钱七虎.《中国城市地下空间开发利用研究》中国工程院研究

项目[R].南京:地下空间研究中心,2001.

[42] 童林旭.地下建筑学[M].济南:山东科学技术出版社,1994.

[43] 王文卿.城市停车场(库)设计手册[M].北京:中国建筑工业出版社,2002.

[44] 惠英.城市轨道交通站点地区规划与建设研究[D].[硕士学位论文].上海:同济大学,2001.

[45] 王璇,侯学渊,陈立道.大城市站前广场地下空间的开发利用[J].地下空间,1992.

[46] 束昱,王璇.青岛市地下空间规划编制的实践[J].地下空间,1998(6).

[47] 冈原美知夫・土屋幸三郎.大深度掘削工事の现状と今后の动向[R].日本:综合土木研究所,1990.

[48] 束昱,彭芳乐..地下空间研究的新领域[J].地下空间,1990(9).

[49] 王璇,杨林德,束昱.城市道路地下空间的开发利用[J].地下空间,1994(3).

[50] 陈志龙.地下交通建设项目的社会效益与环境效益经济评价方法研究[J].岩石力学与工程学报(增刊),2003.

[51] 束昱,王璇.国外地下空间工程学研究的新进展[J].铁道工程学报,1996(10).

[52] 王璇,束昱,侯学渊.国内外地铁换乘枢纽站的发展趋势[J].地下空间,1998(12).

[53] 都市地下空间活用研究会.地下都市をデザイソする[M].东京:第一法规出版,2001.

[54] 王璇,束昱,侯学渊.地下车库的选址与规模研究[J].地下空间,1995(5).

[55] 王璇,束昱,侯学渊.城市地下空间开发利用与基础设施建设[M],1994(12).

[56] 周于峙.发展我国大城市交通的研究[M].北京:中国建筑工业出版社,1999.

[57] 日本隧道技术协会.大深度地下利用技术的现状和将来展望[R].南京:地下空间研究中心,1990.

[58] 佐藤寿延.关于大深度地下开发的技术与空间活用[R].南京:地下空间研究中心,2001.

[59] 深圳市中心区域市设计及地下空间综合规则国际咨询[M].北京:中国建筑工业出版,1996.

[60] 吕莉莉.加拿大蒙特利尔的城市地下空间开发利用[J].地下空间,1998(12).

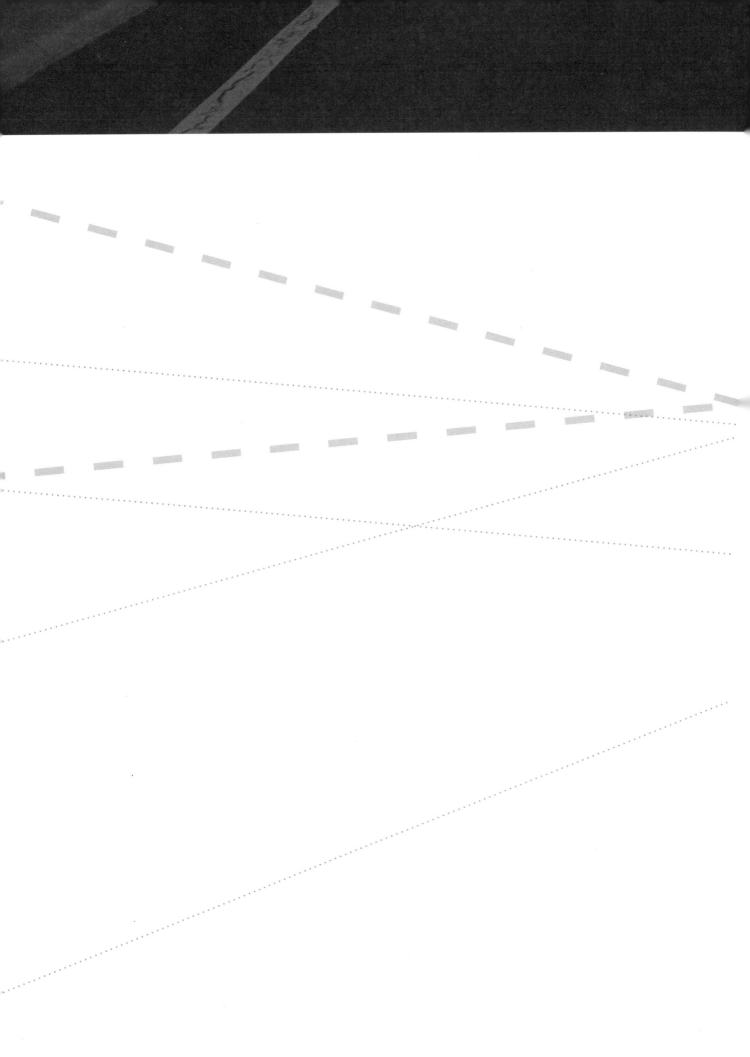

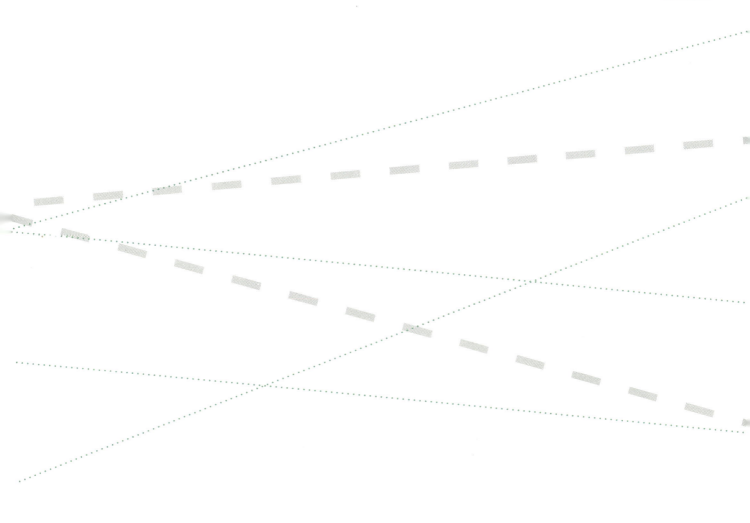

展望

交通的产生和发展，经历了漫长的历史过程。交通伴随着人类的发展而起步，交通与人类各方面之间存在着千丝万缕的联系，它们相互影响、相互制约（图1）。

图1 交通与人类各方面的相互联系

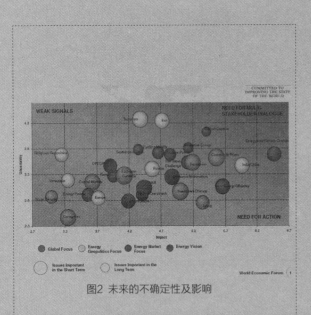

图2 未来的不确定性及影响

1 人类所面临的问题

随着人类社会和经济的快速发展，人口急剧膨胀、人均消费迅速增长，人类社会活动不断向广度和深度扩张，人们向自然索取的能力和对自然环境干预的能力越来越大，资源消耗和排放废弃物也大量增加。由于人类对资源的需求越来越大，人口、资源、环境与发展的矛盾愈来愈突出，引起了全世界的忧虑和不安（图2）。

进入21世纪，随着全球一体化进程的加快，人口、资源与环境问题已经成为全球问题。就人口问题而言，主要表现为人口总量过大、城市化过快、贫富差距拉大、性别比例失调、老龄化、文化素质不高等；就资源问题而言，主要表现为量的减少与质的退化，具体来说就是可再生资源再生条件的退化和再生速度的降低，不可再生资源耗量巨大，而储采比不高；就环境问题而言，主要表现为水、土、气的污染进一步加剧和由此带来的物种不断减少。未来人类所面临的这些问题将会对交通的发展产生深远的影响（图3—图4）。

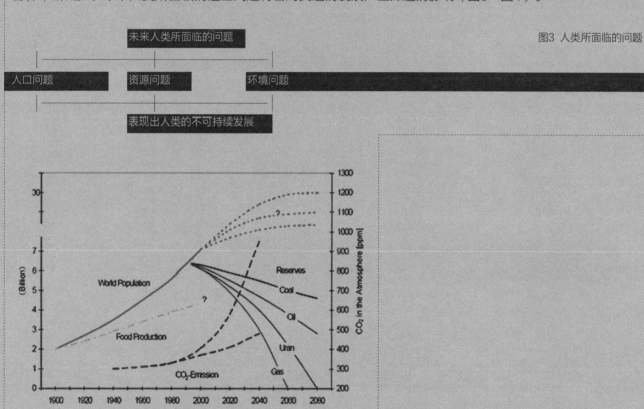

图3 人类所面临的问题

图4 未来人类人口、食物、二氧化碳排放、能源发展趋势预测

2 人类的可持续发展

可持续发展的概念已经渗透到人类发展的各个层面，使全人类的生活正在起着深刻的变革。可持续发展理论使得人类越来越清醒地认识到：单纯的经济富裕不等于幸福，经济的"持续发展"必须顾及长远的利益，经济社会发达必须和生态环境的保护相统一，它的基本特征是生态可持续、经济可持续和社会可持续。生态可持续是基础，经济可持续是条件，社会可持续是目的，所追求的目标是实现自然—经济—社会复合系统的持续、稳定、健康发展。这种整体目标和发展战略的变化，必然引起交通战略目标的调整（图5）。

图5 人类的可持续发展

3 交通所面临的问题

交通是一个物质流、能量流和信息流相互作用的过程，它在促进人类社会发展的同时，也能反作用于人类社会，主要体现在交通工具对不可再生能源的大量消耗，及在此过程中将大量的废物、废气和废热排放到环境中去，从而对环境产生消极的影响（图6—图13）。

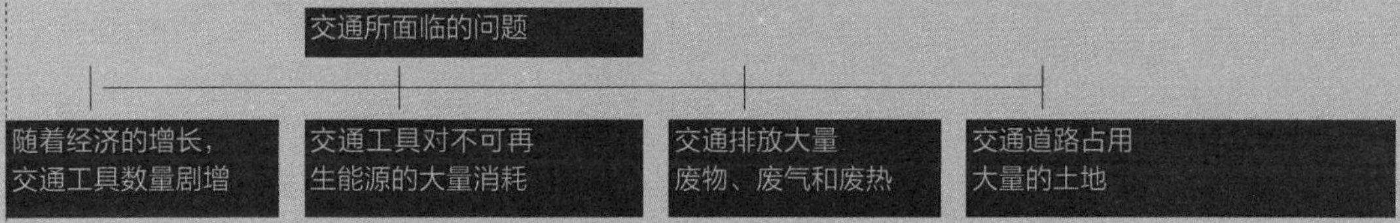

图6 交通所面临的问题

交通所面临的问题
- 随着经济的增长，交通工具数量剧增
- 交通工具对不可再生能源的大量消耗
- 交通排放大量废物、废气和废热
- 交通道路占用大量的土地

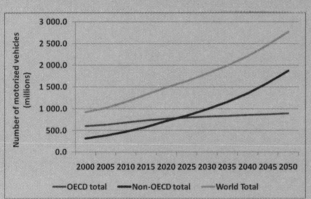

图7 未来机动车数量的预测

图8 交通工具数量剧增，地面道路变得拥挤

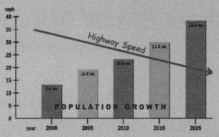

图9 随人口数量的增加，行车速度越来越慢

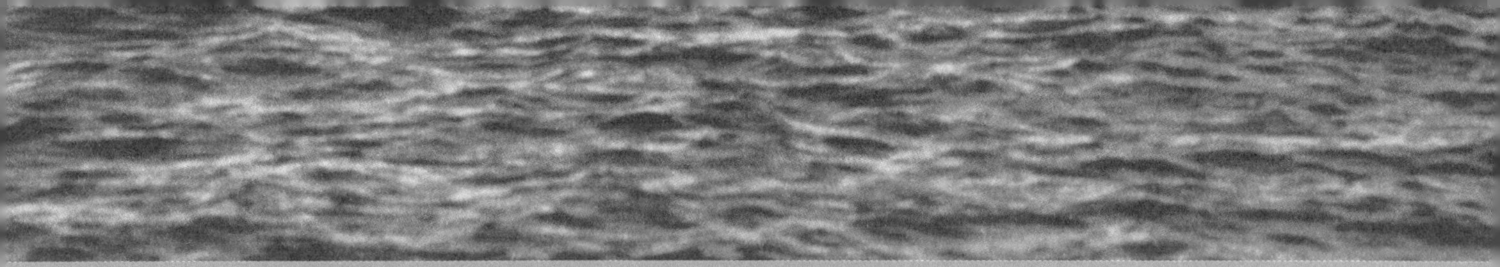

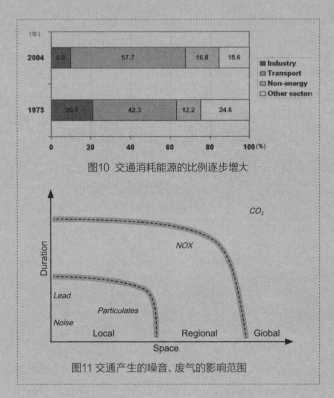

图10 交通消耗能源的比例逐步增大

图11 交通产生的噪音、废气的影响范围

City	Road Space (%)
Developing Countries	
Kolkata (India)	6.4
Shanghai (China)	7.4
Bangkok (Thailand)	11.4
Seoul (S. Korea)	20.0
Delhi (India)	21.0
S鋼 Paulo (Brazil)	21.0
Developed Countries	
New York (US)	22.0
London (UK)	23.0
Tokyo (Japan)	24.0
Paris (France)	25.0

图12 交通道路占城市面积的百分比（发达国家高于发展中国家）

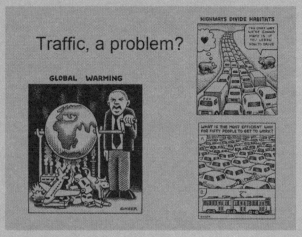

图13 交通已经成为人类的棘手问题

4 交通的可持续发展

近年来，许多专家把可持续发展的概念应用到交通中，提出了可持续交通的概念。交通的可持续发展是指既能满足当今社会对自由移动、交流和贸易的需求，又不对未来构成危害的发展。能否实现可持续交通事关人类的核心价值和子孙后代的生存权利（图14—图15）。

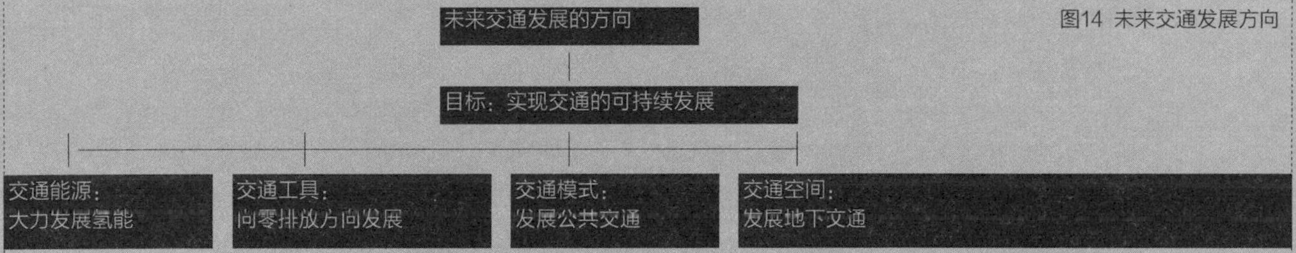

图14 未来交通发展方向

未来交通发展的方向

目标：实现交通的可持续发展

- 交通能源：大力发展氢能
- 交通工具：向零排放方向发展
- 交通模式：发展公共交通
- 交通空间：发展地下交通

图15 交通可持续发展的三方面：环境、经济、社会

可持续发展要依赖于交通的技术，因为技术在交通与环境影响之间起了关键的干涉作用。几十年来，人们一直在寻求清洁型替代燃料以缓解石油短缺和减少环境污染，天然气、液化石油气、甲醇、乙醇、生物柴油等正在逐渐地取代着汽油，而最清洁的氢发动机车技术可以将污染减少到接近零的水平（图16—图17）。

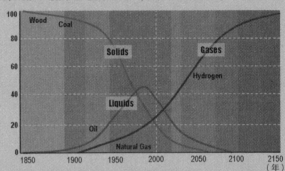

图16 未来能源发展趋势预测（氢能将成为交通的主要能源）

图18 相同的人数采用不同的交通工具所占用道路的面积比较

图17 零排放的氢能公交车

交通的可持续发展在交通方式的选择上也至关重要，可以说，解决交通所带来的能源消耗、环境污染等问题的根本途径是发展可持续的交通模式。发展公共交通对于缓解未来交通压力，调整交通结构是非常有效的。公共交通包括公交、轨道交通、自行车交通和步行等（图18—图19）。

地下空间作为城市的第三维空间，因为其自身的优势，不断受到人们的重视。

图19 交通转为地下

5 未来地下交通可持续发展

5.1 地下交通所面临的问题

地下交通的环境在物理条件(光线、声音、温度、材料)和心理条件(视线、行为、指示)两方面尚不够理想（图20）。主要表现为：

（1）空间封闭。缺乏阳光、绿化和地面景观。

（2）方向感差。地铁车站普遍存在方向感问题，尤其是出口多、功能复杂的大型车站。出入口的指示不清。

（3）出入口数量少。商业面积与出入口数量比例不协调，造成出入口人流拥挤，空间的使用率不高，管理的力度不够。

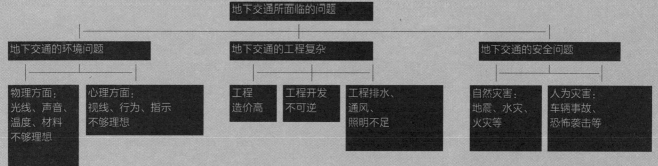

图20 地下交通所面临的问题

地下交通所面临的问题较为复杂，它涉及结构、防排水、岩土、地质、地下水、空气动力、光学、消防、交通工程、自动控制、环境保护、工程机械等多学科。地下交通工程的地质的复杂性和设备的要求都高于地面的建筑，地下交通的排水、排风及照明等都是棘手的问题，并且地下交通的开发存在不可逆性，稍有不慎，就有可能导致无法挽回的经济损失（图21）。

图21 地铁中出现透水

地下交通在施工与运行的过程中，安全问题一直是重点，要考虑自然和人工灾害，例如火灾、爆炸、地震、洪水事故等，其中火灾最为危险，它是地下交通中威胁人们生命安全的主要因素。封闭的地下空间环境在防灾上具有疏散困难、救援困难、排烟困难和从外部灭火困难等特点，这也是地下交通内部灾害相对地面上交通更难防范和抗御的重要因素（图22—图23）。

图22 韩国大邱地铁被烧　　图23 莫斯科地铁爆炸现场

5.2 未来地下交通发展趋势

地下交通的可持续发展要以先进的科学技术为基础，在资源合理利用和生态环境保护的指导思想下，提高交通系统利用效率和服务水平，在经济合理地满足当前社会发展需求的同时，为整个社会的可持续发展提供保证（图24）。

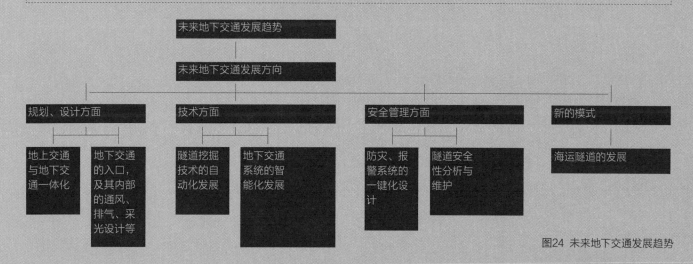

图24 未来地下交通发展趋势

规划、设计方面（图25）：

未来的交通体系要与城市发展布局相协调，交通网是城市总体规划的一部分。交通规划的好坏，直接影响着未来的交通效率。怎样做好交通规划，实现地上交通与地下交通的一体化，具有重大意义。

地下交通在运营的过程中，会产生大量的废物、废气和废热等，设计时如何做好地下交通的入口，及其内部的通风、排气、采光等，是未来地下交通急需解决的问题之一。

技术方面：

地下交通的工程复杂，施工困难，主要受地质、水文、地貌、施工技术等影响，研制现代化的新型施工机具设备，实现隧道挖掘技术的自动化，对加快地下交通的建设具有重要的意义（图25—图28）。

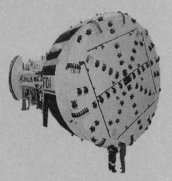

图25 未来的隧道挖掘器

图26 隧道挖掘技术将实现自动化

图27 地下公路自动系统将会在汽车上加载计算机，传感器及制动系统

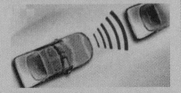

图28 地下公路自动系统汽车上将有避碰装置

安全管理方面：

地下交通在施工和运营期间可能会受到自然灾害或人为灾害的影响，从而给生命和财产造成极大的威胁，未来地下交通的发展在防灾方面应该采取相应的措施，要实现报警、防灾控制系统的一键化设计，提高对突发事件的处理能力（图29—图31）。

图29 隧道防灾指南

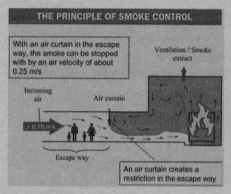

图30 隧道内火灾控制原理

图31 防灾系统的一键控制平台

新的地下交通模式：

世界上第一条海运隧道将在挪威的斯塔特半岛海域建成，该隧道总长1.7km，工程将历时5年完成，总造价达到3.1亿美元，是世界上第一条用于海运通航的隧道（图32—图33）。

图32 挪威的斯塔特半岛海域

图33 海运隧道的位置

这条隧道（图34）将保证挪威西南海岸的航运活动的安全。因为在挪威西南海岸斯塔特半岛附近，强烈的海洋飓风和大浪严重威胁着在此地的海运船只的安全。每年在这一地区由于恶劣天气的影响，海运意外非常多，给挪威政府和当地带来了巨大的经济损失。为此，挪威政府决定在这一海域，建造世界上第一条海运通航隧道，以解决天气对海运的恶劣影响。

挪威政府从1980年代开始着手策划该计划，隧道将有助减低海上人命伤亡比率，纾缓海员压力，缩减运输所需时间，甚至有助该地旅游业发展。当局已在兴建图则中预留扩建空间，为越造越大的船型做好准备。该计划最快在2009年提交国会审议。

图34 海运隧道效果图

6 小结

随着全球一体化进程的加快，人口、资源与环境问题已经成为人类未来发展所面临的三大主要问题，实现环境—经济—社会复合系统的持续、稳定、健康发展，是人类未来所追求的目标。交通的发展与人类的各方面联系十分密切，两者之间相互作用、相互制约，人类追求的可持续发展必然会引起交通战略目标的调整。

随着经济的增长，交通工具数量的剧增，从而导致不可再生能源的大量消耗，及在运行的过程中将大量的废物、废气和废热排放到环境中去，从而对环境产生消极的影响。这些都是交通急需解决的问题。近年来，许多专家把可持续发展的概念应用到交通中，提出交通的可持续发展是指既能满足当今社会对自由移动、交流和贸易的需求，又不对未来构成危害的发展。

地下交通作为地上交通的补充和延伸，因其自身的优势，近年来，不断受到国内外交通专家、学者的重视。随着经济和技术的发展，交通也不断向地下扩展。从穿越屏障的地下通道到穿越街道的地下过街道，从地下街道到地下步行系统，从地铁到地下快速路，从地下停车库到地下停车系统，可在一定程度上有效地缓解城市交通紧张状况，满足城市至关重要的机动性。

地下交通也是一个物质流、能量流和信息流相互作用的过程。交通工具要不断输入低熵物质（燃料），以补充其不断消耗的物质和能量；同时将不可逆过程产生的熵（废气、废物、废热）排出体外。要使地下交通持续不断地发展下去，就必须尽可能地减少物质流和能量流的不必要的消耗，充分发挥信息流的调节作用，为人类走上可持续发展的道路提供保障。

参考文献

[1] http://www.mtholyoake.edu/courses/rschwart/ind_rev/data/tracking_the_country.html.
[2] http://www.wikipedia.org/wiki/Great_Western_Railway.
[3] http://www.spartacus.schoolnet.co.uk.
[4] www.mtholyoake.edu/courses/rschwart/ind_rev/data/tracking_the_country.html.
[5] http://www.wikipedia.org/wiki/Railtrack.
[6] Michael B.Fractal Cities:A Geometry of Form and Function[M].London:Academic Press,1994.
[7] http://www.visionofbritain.org.uk/index.
[8] Dan B.Neighbors,networks,and the development of transport systems:explaining the diffusion of turnpike trusts in eighteenth-century England[J].Journal of Urban Economics,2007(61):238-262.
[9] Melvin B.The Harlem Group of Negro Writers[M].Edward J M(Ed.).Westport,CT:Greenwood Press,2001.
[10] Trask M.Cruising Modernism:Class and Sexuality in American Literature and Social Thought[M].Ithaca: Cornell UP, 2003.
[11] http://www.exetermemories.co.uk/EM/undergroundp.html.
[12] Joanlin H.Cost-benefit analysis of Boston's central artery[J].Tunnel,2003.
[13] Yan T.Boston's Central Artery[M].Boston:Arcadia Publishing SC Press,2001.
[14] Megan W.Settlement reached in Big Dig death[R].Boston:Boston Globe,2007.
[15] Steven E.Underground Transportation Systems in Europe[M].London:Capital Transport Publishing,2006.
[16] Tannock S.Nostalgia critique[J].Cultural Studies,1995(5).
[17] Tapper G.The Machine That Sings:Modernism,Hart Crane,and the Culture of the Body[D]:[Doctoral Thesis].Columbia:Columbia University,2000.
[18] The WPA Guide to New York City[M].New York:Pantheon Books,1939.
[19] Reed M.Investment in railways in Britain:1820—1844[M].Oxford:Oxford University Press,1975.

图表主要来源说明

1、http://en.wikipedia.org/wiki/File:Constructing_the_Metropolitan_Railway.png
2、http://60.216.10.186:8000/sites/yantai/changdao/articles/B00000/1/14524682.aspx
2、http://en.wikipedia.org/wiki/File:Gb-lu-Angel-southbound.jpg
3、http://en.wikipedia.org/wiki/File:Gb-lu-Angel-southbound.jpg
4、http://www.oiecs.com/england/map.asp
5、http://www.aaa1.cn/Article/tstx/200703/1211.html
6、http://blog.sina.com.cn/s/blog_5d3791480100go0t.html
7、http://news.xinhuanet.com/travel/2007-10/26/content_6949922.htm
8、http://discover.moocity.com/rwdl/2009/128878.html
9、http://tupian.hudong.com/a4_05_45_01300000085669120551454507060_jpg.html
10、http://www.noblechinese.com/guiren-news2/info/35530-1.htm
11、http://www.lj-ryf.cn/lvji/200503%20UK/_2005UK_1.html
12、http://news.eastday.com/w/20070306/u1a2663985.html
13、http://design.icxo.com/htmlnews/2006/06/23/867420_0.htm
14、http://www.bbc.co.uk/china/lifeintheuk/story/2009/04/090430_london_tube.shtml
15、http://www.zhnews.net/html/20081213/224409,12035.html
16、http://www.chuguo.cn/news/129531.xhtml
17、http://design.icxo.com/htmlnews/2006/06/23/867420_0.htm
18、http://www.fengshangweekly.com/100topic_hp.asp
19、http://www.banq.cn/html/4245.htm
20、http://news.xinhuanet.com/photo/2008-01/09/content_7392743.htm
21、http://www.imagewa.com/Photo/397/23660.html
22、http://big5.cctv.com/gate/big5/space.tv.cctv.com/simage/IMAG1240977273192322
23、http://www.phototime.cn/photo/C93797204.html
24、http://london.abang.com/od/guanguanglondon/a/tubemap.htm
25、http://blog.sina.com.cn/s/blog_5f0381090100fvxs.html
26、http://london.abang.com/od/guanguanglondon/a/changeline_p1.htm
27、http://news.xinhuanet.com/world/2005-07/07/content_3188765.htm
28、http://jfdaily.eastday.com/j/20090201/u1a530667.html
29、http://jfdaily.eastday.com/j/20090201/u1a530667.html
30、http://60.216.10.186:8000/sites/yantai/changdao/articles/B00000/1/14524682.aspx
31、http://www.mipang.com/spaces/994870@/photos/1550198.8fc44860b4/
32、http://blog.sina.com.cn/s/blog_4a46c3960100du9m.html
33、http://blog.19lou.com/10515264/viewspace-2642688
34、http://zh.wikipedia.org/zh-cn/%E5%80%AB%E6%
35、http://www.bbkz.com/forum/worldmaps/index.php?n=43
36、http://www.chinametro.net/Content/DisplayNews.aspx?id=18500

37、http://www.shio.gov.cn/shxwb/whjl/node24/userobject1ai1906.html
38、http://dvd.itsogo.net/0/5899.html
39、http://www.gymetro.com/html/life/funny/2009/01/277.html
40、http://www.hrs.cn/article/travel-tips/england/london/501
41、http://www.booking114.com/hotel/park-inn-london-russell-square.103307.zh.html
42、http://www.tianyabook.com/jingji/006.htm
43、http://news.sina.com.cn/w/2007-03-23/081312592608.shtml
44、http://www.tripgarden.com/community/blog/223168/2080308
45、http://news.qq.com/a/20050721/001773.htm
46、http://hannatam.blogspot.com/2009/09/blog-post.html
47、http://www.ly321.com/news/lymap/2005_12_23_9_25_211817.htm
48、http://www.xmnn.cn/hxwlypd/lyzx/gjly/200710/t20071016_344245.htm
49、http://www.bumo.cn/photo/v/travel/france/PICT5484.JPG.html
50、http://ras46.blogspot.com/2007_06_01_archive.html
51、http://civ.ce.cn/yw/200806/02/t20080602_15698157_1.shtml
52、http://civ.ce.cn/yw/200806/02/t20080602_15698157_1.shtml
53、http://www.21its.com/Common/SpecialDetail.aspx?ID=2009031716085602812
54、http://www.wangchao.net.cn/lvyou/detail_119135.html
55、http://travel.sina.com.cn/world/2008-08-25/153019610.shtml
56、http://arts.cphoto.net/Html/jzxs/tpgs/105155909.html
57、http://www.railcn.net/international-railway/history/1085.html
58、http://www.itravelqq.com/2009/0608/8102.html
59、http://travel.xitek.com/worldtravel/200811/28-8302.html
60、http://uniquevera.pixnet.net/blog/post/25391868
61、http://tour.cyol.com/content/2007-11/23/content_1968390.htm
62、http://blog.sina.com.cn/s/blog_4e216d040100cs52.html

63、http://www.qqdot.com/?p=329
64、http://www.pyyj.gov.cn/center/ShowArticle.asp?ArticleID=1414
65、http://fishhappy.com/2007/08/04/495/
66、http://www.flickr.com/photos/kenworker/369713544/in/set-72157594500611491/
67、http://www.yoyv.com/oci_subwaymap/1858.html
68、http://www.meet99.com/topic-12822.html
70、http://www.travelsuperlink.com/blog/?p=502
71、http://www.tranclub.com/thread-23275-1-1.html
72、http://blog.sina.com.cn/s/blog_537e9dd70100el75.html
73、http://zhanghui919.spaces.live.com/blog/cns!FA3F3371C032F8B5!162.entry
74、http://www.chinabaike.com/article/316/477/2008/2008010411 25055_2.html

75、http://www.lj-ryf.cn/lvji/200503%20UK/_2005UK_1.html
76、http://www.cctcct.com/travel-pic/14000/13564.html
77、http://laiba.tianya.cn/laiba/CommMsgs?cmm=28267&tid=2716 030759876174598
78、http://www.sciencenet.cn/m/user_content.aspx?id=218003
79、http://blog.eastday.com/q/circle_630/blog/?caid=86818
80、http://chat.uzai.com/showtopic.aspx?topicid=408&forumpage=1
81、http://ctdsb.cnhubei.com/HTML/ctjbfk/20081222/ctjbfk580347.html
82、http://blog.travelplus.com.tw/patrick/archives/001252.html
83、http://hi.baidu.com/basten1982/blog/index/1
84、http://news.xinhuanet.com/world/2008-09/12/content_9939133.htm
85、http://jgu1126.spaces.live.com/Blog/cns!60250CA9AB45C37E!454.entry
86、http://www.go2eu.com/?uid-119730-action-viewspace-itemid-46031
87、http://www.cnr.cn/pic/ksj/200701/t20070119_504380592.html
88、http://shaanxi.cctv.com/20090703/108903.shtml
89、http://www.gscn.com.cn/pub/special/2009zt/tsxx/sxyx/2009/03/28/1238207288652.html
90、http://www.hangzhou.com.cn/20060801/ca1257712.htm
91、http://www.sxsjtt.gov.cn/zwgk_news_zw.asp?id=5957&jtt=zwgk
92、http://www.fsdi.com.cn/qsc/%E9%9A%A7%E9%81%93.html
93、http://sh.eastday.com/qtmt/20080407/u1a418783.html

94、http://shaanxi.cctv.com/20090703/108903_1.shtml95、
95、http://www.13xa.com/dispbbs.asp?boardid=22&id=6489&page=2&move=next
97、http://www.13xa.com/dispbbs.asp?boardid=22&id=6489&page=2&move=next
98、http://news.sohu.com/20070121/n247740675.shtml
99、http://www.vtron.com/vw/solution_project.jsp?catid=110%7C168&id=186
100、http://www.hudong.com/wiki/%E7%A7%D%E7%BB%88%E5%8D%97%E5%B93
101、http://jgswj.jiangmen.gov.cn/GovInfo.aspx?nid=75&cid=10
102、http://www.wuram.com.cn/gongcheng_info.asp?id=188
103、http://www.allchina.cn/FilterMedia/NewMediaList/Newmedia_detail_1450.html
104、http://sc.136z.com/picture/35525.html
105、http://www.redplumpark.com/News_View.asp?NewsID=104
106、http://news.tj.soufun.com/2009-02-13/2393417.htm
107、http://news.enorth.com.cn/system/2009/02/14/003893741.shtml
108、http://www.pcauto.com.cn/qcyp/xwzx/sh/0707/460955.html
109、http://www.asch.cn/main/index03.asp
110、http://blog.sina.com.cn/s/blog_5a53af350100blla.html

内容提要

地下交通作为地上交通的补充和延伸，是随着人类技术和经济的发展而起步。本书在查阅大量国内外相关资料的基础上，对地下交通的发展历史进行总结。把地下交通分为地下动态交通和地下静态交通。地下动态交通是指人、车、物的地下流动，本书主要介绍：地下步行道（地下步行通道和地下步行系统）、地下河隧道、地下铁路隧道、地铁、地下机动车道。地下静态交通是指车辆的地下停放，包括因乘客上下或货物装卸的短时间停放，以及在停车场的长时间停放，本书主要介绍：地下停车场和地下停车系统。地下交通是一个物质流、能量流和信息流在地下相互作用的过程，在这个过程中，不断有废物、废气和废热排放到环境中去，从而对环境产生消极的影响，社会如果要可持续地发展下去，优良的环境是前提，这就要求未来的交通，包括地下交通要逐渐转向可持续的交通模式。

本书可供城市规划学、城市地理学、城市研究、交通与管理、景观生态等相关科研人员、高等院校师生阅读、参考。

图书在版编目（CIP）数据

世界地下交通 / 王玉北，陈志龙主编.—南京：东南大学出版社，2010.5
 ISBN 978-7-5641-2044-3

Ⅰ.世… Ⅱ.①王…②陈… Ⅲ.交通工程：地下工程-简介-世界 Ⅳ.U491

中国版本图书馆CIP数据核字（2010）第016922号

世界地下交通

出版发行：东南大学出版社
社　　址：南京四牌楼2号　邮编：210096
出 版 人：江汉
网　　址：http://press.seu.edu.cn
电子邮箱：press@seu.edu.cn
策划编辑：徐步政
文字编辑：孙惠玉
责任印制：张文礼

经销：全国各地新华书店
印刷：恒美印务（广州）有限公司
开本：889mm×1194mm　1/16
印张：14
字数：280千字
版次：2010年6月第1版
印次：2010年6月第1次印刷
书号：ISBN 978-7-5641-2044-3
定价：99.00元

本社图书若有印装质量问题，请直接与读者服务部联系。
电话（传真）：025-83792328

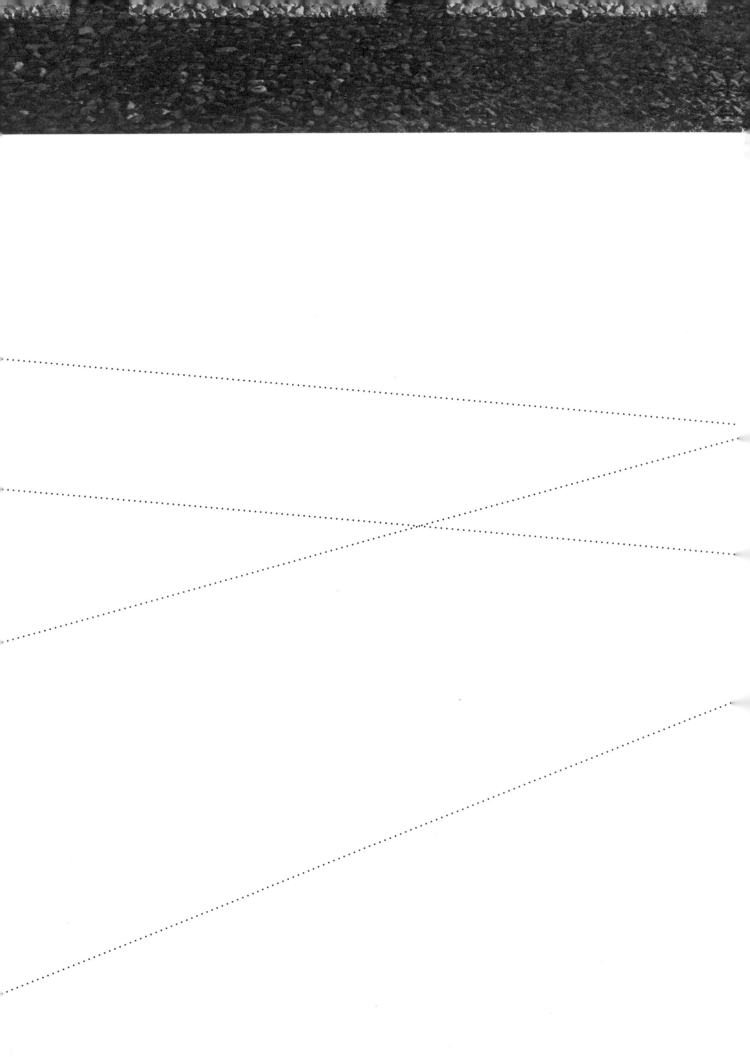

世界地下空间研究丛书

世界辑
　世界地下交通
　世界地下贮藏
　世界地下商业
　世界地下市政
　世界地下民防
　世界地下住宅
　世界地下空间史

中国辑
　城市地下空间总体规划
　我国地下空间法律、政策与实践探索
　城市地下空间需求
　城市地下空间控制与引导
　城市地下空间资源评估
　城市地下停车系统规划与设计
　地下综合体规划设计理论与方法
　……

策划编辑－徐步政
文字编辑－孙惠玉
责任印制－张文礼

ISBN 978-7-5641-2044-3

定价：99.00元
建议上架：城市规划·交通